五十嵐敬喜

憲法改正論

五十嵐敬喜［著］
Igarashi Takayoshi

日本経済評論社

目次

はじめに

囚われの憲法改正論

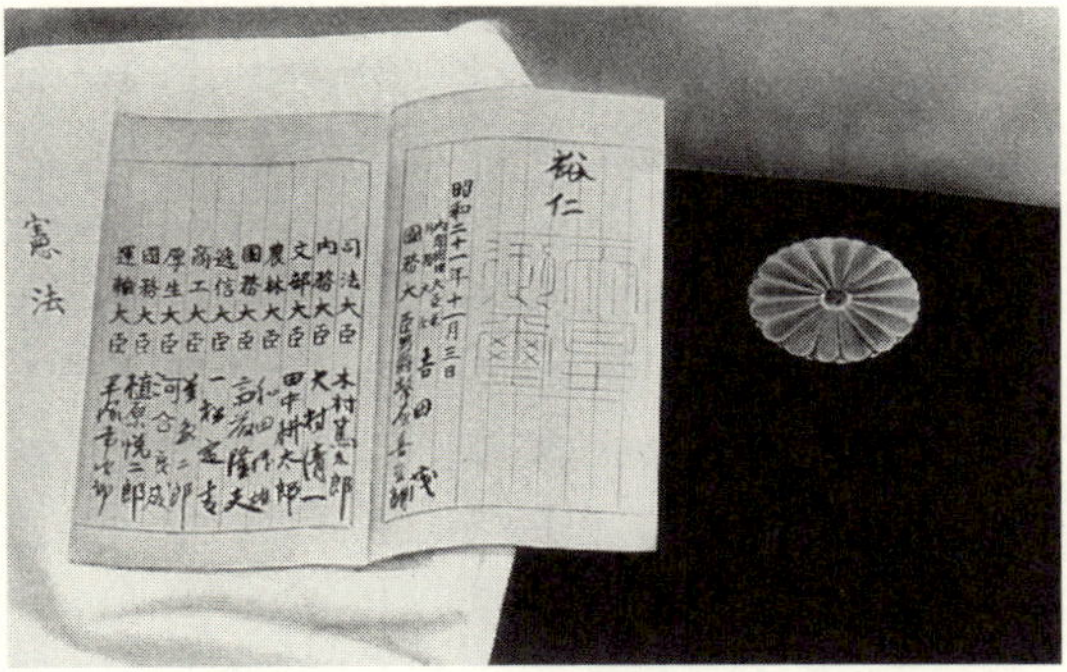

日本国憲法の原文に記された天皇と閣僚の署名．日本国憲法が制定されてから約 60 年がたつ（毎日新聞社提供）

二〇〇五年四月、五年の歳月をかけて憲法調査を行ってきた衆議院と参議院の憲法調査会が報告書を提出した。それだけでなく、これに符節をあわせたかのように、読売新聞社の過去三回にわたる憲法改正試案（一九九四年一一月、二〇〇〇年五月、二〇〇四年五月）、自民党憲法調査会の憲法改正プロジェクトチーム論点整理（二〇〇四年六月）、民主党憲法調査会「創憲に向けて、憲法提言中間報告」（二〇〇四年六月）、中曽根元首相の㈶世界平和研究所の憲法改正試案（二〇〇五年一月）、民主党の元代表鳩山由紀夫の新憲法試案（二〇〇五年一月）、さらには日本経団連の「わが国の基本問題を考える」（二〇〇五年一月）やPHP総合研究所の「二一世紀日本国憲法私案」（二〇〇四年一一月）などもでてきている。この他、自民党が結成五〇周年大会にあわせて改正案を発表するほか、民主党や公明党、共産党、そして社民党などの、立場はともかく各政党案が発表されるといわれている。

歴史的にいえば、憲法改正プロセスのうち、そもそも憲法改正が必要かどうかという第一段階を経て、大方の人々が憲法改正が必要だという合意ができて、案の発表という段階まで進んだということであろう。今後、政治的には次のステップである憲法改正のための「国民投票法」の審議という第三の段階に移る、ということになる。

憲法改正は遠い将来の話ではなく、まさに政治日程に上ってきたのである。そしてその過程で、日本の憲法改正論の可能性や限界といったこともあらわになってきている。

そこでそれぞれの内容の検討はひとまずおいて、ここではそれらがどういう問題性を持つかという点だけを確認しておきたい。

第一は、憲法改正案は周知のように、憲法上、衆参両議院の議員のそれぞれ三分の二以上の賛成により発議されると規定されている（九六条一項）。そして、この重みがようやく現実化してきたということをみておきたい。

まず、衆議院と参議院、すなわち「国会発議」という点から見ていこう。国会とは何か。もちろん、最大の仕事は「立法」であり、その最大ゴールに「憲法改正」がある。すなわち、ここでは、「国会」がイニシアティブをとるということになっている。しかしそれは正しいのであろうか。これは、「国会」も憲法によってその存立を認められた一つの機関に過ぎず、その一機関に過ぎない国会が自分の生みの親である憲法を改正できるのだろうか、という根源的な問いであり、より現実的にいえば、国会は自らの権益に不利になる改正案を自ら提案していくことができるか、という疑問である。これは憲法改正を考えるにあたって、最大の欠陥なのではないか。

国会をめぐっては、現在の二院制を廃止して一院制にすべきであるとか、仮に二院制を残すとしても、選挙方法などを含めて互いの権限を再構成すべきである、というような提案がある。しかしそれがどんなに良いものであっても、議員定数の削減など自らの利害にかかわれば、それぞれの議院が三分の二の合意を得て可決する、というような可能性はほとんどないといってよいのである。

さらに究極的な論点、それは私たちの憲法改正論の根底にあるものだが、国民投票によって国会の立法権に歯止めをかける（間接民主主義を採用する現憲法に対して直接民主主義、すなわち国民の

より）及び衆参両院の憲法調査会報告書の多数意見ないし共通認識

二院制	新しい人権	その他
衆院の優位性と参院の独自性を明確化	人格権，環境権，外国人の人権など	事実上の首相公選制，政策国民投票
両院の議員の選挙方法など再検討	義務，責任を再確認	閣僚の議院出席義務の緩和 州制の導入
参院議員は地方議会選出や任命制とする意見も	環境権，プライバシー権，知る権利など	道州制を目指す
両院が明確に役割分担し，緊張感ある関係を確立	—	国民の権利の制限条件と「公共の福祉」概念を明確化
衆院の優越強化 役割分担を明確化	名誉権，犯罪被害者の権利など	道州制導入
参院議員は大臣指名廃止を検討	名誉権，自己決定権など	分権国家への転換を展望
二院制を維持し，両院の役割分担を明確化する 参院の権限縮小については両論併記	環境権，知る権利，プライバシー権，アクセス権を明記する 義務規定の新設については両論併記	憲法裁判所を設置する 道州制を導入する
二院制堅持 両院の違いを明確化するため参院の改革は必要	新しい人権を保障するが，憲法上明記するか否かは意見が分かれた	首相公選制の導入，憲法裁判所の設置，道州制の導入については意見が分かれた

表1　各団体・政党の主な憲法改正案（読売新聞 2005 年 1 月 21 日

	9 条・安保	天皇制
世界平和研究所憲法改正試案（2005 年 1 月）	防衛軍設置 集団的自衛権行使は容認	「元首」と明記
日本経団連報告書（2005 年 1 月）	自衛隊保持明確化 集団的自衛権行使明記	—
日本商工会議所中間報告（2004 年 12 月）	自衛権と戦力保持を明記	女帝などは皇室典範で対処すべきだとの意見も
経済同友会意見書（2003 年 4 月）	適正な目的と範囲で自衛権を行使	「男子直系限定」などは必要に応じ改める
自民党憲法改正草案大綱案（2004 年 11 月）	必要最小限の自衛軍 集団的自衛権行使明記	「元首」と明記 女帝も容認
民主党憲法提言中間報告（2004 年 6 月）	「制約された自衛権」を明記	—
衆議院憲法調査会報告書（2005 年 4 月 15 日）	自衛権と自衛隊について何らかの憲法上の措置をとることを否定しない 集団的自衛権については三論併記	元首規定は設けない 女性による皇位継承を認める
参議院憲法調査会報告書（2005 年 4 月 20 日）	9 条 1 項は維持するが，2 項改正の要否については意見が分かれた 集団的自衛権については三論併記	元首と解するか，憲法に明記するか否かは意見が分かれた 女性天皇を認める

立法権を認める)、というような提案は、国会の自己否定につながる、として絶対に受け入れないだろうということを指摘しておきたい。

もうひとつは、三分の二という数にかかわる。これは現状でいえば、憲法改正案を発議するためには、自民党と民主党が合意しなければ発議できないということである。そしてこれをさらに突き詰めていうと、したがって両政党とも、互いに自己の主張を述べることができない、すなわち、真に憲法改正をしたいと思えば思うほど妥協しなければならないのである(1)。

政治的常識からいえば、国家の運命にかかわる憲法論議こそ、各政党は自らのアイデンティティをかけた公約を発表して論争すべきだということになるが、三分の二という条件を考えると、そんなことは絶対にできないというのが真実なのである。

ではどういうことになるか。そもそも改憲に反対であるというのであれば「反対」を主張すればよいが、三分の二の合意を得るためには、互いに妥協しなければならないのである。そして妥協の落ち着く先は結果的に現状のままが良い、ということになるのではないか。

最大の争点である九条をめぐって、自民党が念願の「集団的自衛権」を九条改正としては断念(ただし安全保障基本法などには明記)するというのがその代表例である。女性天皇にかかわる天皇制なども、憲法の根幹に触れる問題であるにもかかわらず、皇室典範の改正で対処するということである。これらを頑強に主張したら三分の二は得ることができない。したがって、これはこのままにする以外にない。新たに改正点として合意できるのは、環境権や知る権利などのいわゆる「新しい人権」であり、さらにいえば、これらの新しい権利も実は現憲法で認知できるといわれれば、ほとんど現状のままでよいということになりかねないのである。その意味で言えば、国会は憲法を変えられないという意味で究極の「保守」である、ということが見えてきたのである。

第二は、憲法改正の限界にかかわる重要な論点である。それは、今回の憲法改正論が、およそどのくらいの射程距離で考えられているかということとかかわる。明治憲法が制定されたのが一八八九年である。これはいわゆる明治維新後の日本の激動の中で制定された。昭和憲法は敗戦という、これまた日本史上未曾有の出来事の中で一九四六年に制定された。いずれも内乱や戦争という国家最大の危機を背景にしている。この間、約六〇年である。そういう意味では、今回も時期的に言えばそろそろ耐用年数を超えており、改正が考えられても良い時期である。しかし、今日の日本に国内を二分するような大問題があるわけではない。そういう意味では、今回の憲法改正の射程距離は、今現実に起きているちょっとした困難に部分的に対処するだけで、いわゆる「この国のかたち」を根底から考え直すなどという動機付けはないのかも知れない。先ほどの各種憲法改正案に対して、国民のほとんどが興奮していないという現実をみるだけでその証拠は十分であろう。その意味で、国会発信という限定があるからというだけでなく、バックグラウンドそのものが「保守」なのかもしれないのである。しかし、日本には真実憲法改正を必要とする状況はないのであろうか。私たちの回答はこうである。確かに「ホット・ウォー」は存在しない。だが、底流にはいつ「ホット・ウォー」に転化するかもしれない「コールド・ウォー」が蔓延している。これを受け止めるためにこそ、憲法改正案を国民自身が考えなければならないのだ。

この点に関して大きな刺激を与えているのがEU憲法である。ECSCとして一九五一年に六カ国から始まったヨーロッパの同盟は、かつての敵対国（ヒットラーのドイツあるいはかつての社会主義国）という関係を乗り越えて二五カ国の「超国家」を作り上げ、現在EU憲法の批准手続きが進められている。詳細は後に見るが、これを後押ししているのが「グローバリズム」と「国家」および「国民」の解体である。端的にいって、日本を含むアジア全体もこの渦中にあり、それは一層進行するだろう。このような中で、日本もアジア版「超国家」の形成と国民の自立を考える必要があるのではないか。

超国家とは、別な言い方をすれば、憲法の中核的な概念である「国家」が揺らいでいるということである。そこでこの視点から各憲法改正案を見るとどうなるか。答えは明快であり、いずれの案もあまりにもドメスティックというほかはないのである。日本では今でも明治来の「国家論」、しかも強烈な一国ナショナリズムに彩られたそれが前提になって、憲法改正論が語られている。「囚われの憲法改正論」。これが憲法改正の現実であり、国民にとって豊穣な憲法論ができていないという意味で、まことに「不幸」なことといわなければならない。

主権者である国民は、この憲法改正をどう考えていったらよいか。私たちは『市民の憲法』（早川書房、二〇〇二年）で、いわゆる戦後憲法論を彩ってきた、特に九条を真ん中に挟んで「改憲」を唱える「保守」と「護憲」を唱える「革新」、という構図とはまったく異なった視点からの「憲法修正論」を提唱した。その後数年たって、ここに見たような「囚われた」状況を見るにつけ、このままでは「市民の憲法」も同じく埋没する危険性がある、と思われた。憲法改正論はもっともっとラディカルに開放されていかなければならない。本書はそのための新しい提案なのである。

そこでまず、ここでは「コールド・ウォー」、すなわち憲法改正のバックグラウンドとなるものとして、三点を挙げておきたい。

1　直接民主主義の導入。周知の通り、日本国憲法は、「国会は、国権の最高機関であって、国の唯一の立法機関である」（四一条）として、主権者である国民の立法権を認めていない。国民は、憲法改正の場合と、「一つの地方公共団体のみに適用される特別法に対する国民投票」（九五条）を除いて「選挙」という方法でしか国政に参加できない。自治体では基地や原発、あるいはダムなどについて住民投票が行われるようになった。なぜ国民は国政に関して国民投票ができないのか。

2　現在、世界中にアメリカの価値観を最上とする「グローバリズム」が暴れまわっている。これに対してEU二五カ国は「憲法条約」を発表して対抗しようとしている。この流れはいずれアジアにも及ぶ。そして今後アジア憲法なども構想される必要があろう。今回の各種憲法改正案にはこのような国際的な流れに対する備えが見当たらず、議論は「鎖国」の中での「内談義」のように見える。

3　1と2はいかにも「国のかたち」にかかわるものであるが、日本に特有な、そして最大の病気は「財政危機」であろう。二〇〇三年の国際格付け機関の評価では、日本の国債は「ボツワナ」以下の「ポーランド、キプロス」並みとなった。政府は今のところこの危機を「孫やひ孫への先送り」という形でごまかしているが、先送りももう限界を超えている。多分、この危機が顕在化したら、日本には明治時代の内戦や昭和時代の敗戦に匹敵するようなさらなる危機が起こるかもしれない。

憲法は改正されなければならない。しかもこのような危機に対応できるようにしなければならないのである。

第1章

直接民主主義と憲法改正国民投票

吉野川可動堰の住民投票の結果に歓声を上げる市民グループ．
直接民主主義への胎動は続く（毎日新聞社提供）

一　直接民主主義の必要性

現憲法の最大の欠陥は、主権は国民にあるとされていながら、実質は官僚主権の国になっているということである、と私たちは考えている。

確かに現憲法にも三権分立をはじめとして、「官僚＝行政権」をコントロールする制度がない、というわけではない。また官僚は「国民の公僕」ともされていて、憲法上は決して独裁者ではない。しかし、何故かこのような規定はほとんど機能せず、国民主権は飾り物に堕している。これまで、行政改革をはじめとしてその対策もさまざまに提案され実施されてきたが、本質的には官僚独裁は今でも変わっていない。その理由は様々である。

第一は、何といっても官僚＝行政をコントロールする立場にある国会（地方議会を含む）の無力である。特に日本のように政と官が一体化した議院内閣制の下では、野党は数の上での「敗北政党」であり、内閣総理大臣が提出する案は、論理的には一〇〇%可決される。そして内閣総理大臣の案は（後に第3章でみる「行政権」、とりわけ「事務次官会議」の項で検討するが）、各省庁の事務次官（官僚のトップ）によって決定されている。第二に、裁判所も、本来違憲立法審査権によって官僚の違法（不当を含む）をコントロールすべき権能を与えられていながら、日本では何故かこれを回避している。

したがって、これを是正するためには、主権者たる国民が立ち上がる以外にない。そして最終的には憲法上国会に独占されている「立法権」を、「憲法改正」のときだけでなく、原発、基地、脳死、公共事業などなど、国政の根本にかかわる問題については国民投票で決めるという、直接民主主義を導入しようというのである。(2)

直接民主主義を導入せよという根拠はこれだけではなく、より本質的なことがある。それは、国民は将来何を最も幸福と考えるかということとかかわっている。民主主義の進展、情報公開の徹底など、必ずしもイデオロギーでは割り切れない現代的な争点の噴出といったような状況の中で、国民は真実を知りたいと願い、同時に、必要なときには自らその決定に加わりたいと欲している。幸福とは、結果ではなく、決定に至るプロセス、そしてそれに参加し、最後は自分で決定する(自己決定権)ことだとみんなが考えるようになった。

しかし、現憲法のもとでは、その情報も決定も「他」に依存している。官僚や裁判官はその最たるものだが、彼らは国民の依頼もなしに決定し、唯一選挙という形で国民の「信託」を受けている国会ですら、特に最近は国民の意思と離反することが多い。国民の不幸の原点はここにある。

逆に、間接民主主義はなぜ限界か。その象徴的な事例が、まさにこの憲法改正にかかわる「国民投票法案」にも現れている。そこでここでは、これを素材に、直接民主主義の必要性について考えておくことにしよう。(3)

二　国民投票法

周知のように、憲法を改正するためには、「各議院の総議員の三分の二以上の賛成で、国会が、これを発議し、国民に提案してその承認を経なければならない。この承認には、特別の国民投票又は国会の定める選挙の際行われる投票において、その過半数の賛成を必要とする」（九六条一項）。だが、その肝心要の国民投票を行うための法律がない。そこで自民党は議員立法で「憲法改正国民投票法案」（以下「国民投票法案」という）を提出すると宣言し、民主党もこれに同調したため、一挙にこれが具体化することになった。

この法案は、実は今から三年前に超党派の憲法調査推進議員連盟（会長は中山太郎現衆院憲法調査会長）のもとですでに完成し、二〇〇二年の通常国会に提出される予定だったものである。

国民投票法案の骨子は次の通りである。

1　憲法改正のための発案権は、衆議院一〇〇名、参議院五〇名とする
　内閣による発案権は規定なし

2　投票権は国政選挙権を有する国民に存する

3　国民投票の期日
　国会の発議より六〇日ないし九〇日以内

内閣は国民投票の期日の二〇日前に国民投票の期日および内閣に送付された憲法改正案を官報で告示すること

4　投票および開票

投票用紙には、憲法改正に対する賛成あるいは反対の意思を表示する記号を記載する欄を設け、○か×の記号を記載する

5　国民投票の効果

憲法改正に対する賛成投票の数が有効投票総数の二分の一を超える場合は、国民の承認があったものとする

6　国民投票運動に関する規制

公務員および教育者の地位利用による国民投票運動の禁止

外国人の国民投票運動の禁止

予想投票の公表の禁止

新聞または雑誌の虚偽報道などの禁止

新聞紙または雑誌の不法利用などの制限

放送事業者の虚偽報道の禁止

この法案には大きくいって二つの問題がある。一つは、国会に対する憲法改正の提案、すなわち

発案権についてである。もう一つは、投票運動についてのさまざまな規制である。この二点を見れば、彼らの憲法改正の意図、すなわち「国民主権の無視」が見えてくる。「神は細部に宿り給う」といわれるが、このような手続きが逆にその内容の真実を暴露することになるのである。早速前者から見ていこう。

国民主権からみた憲法の発案権者

憲法改正のプロセスには、大きく分けて発案、発議、投票の三段階がある。発案とは、憲法改正案を国会に提出すること、発議とは、提出された憲法改正案が衆参両院でそれぞれ三分の二以上の多数で可決された時点で国民に対してなされるものである。発議された改正案が国民投票に付され、過半数の賛成票を得るとその改正案が成立する。この三段階のうち、発議と投票については直接憲法に定められている（もっとも、投票は条文ごとにするのかそれとも一括でするのかといった点や、有効投票総数の過半数なのか、投票総数の過半数なのか、それとも単に有権者の過半数なのかといった点は記述されていないので、これは国民投票法の守備範囲になる）のでこれは変えられない。この法案で対象に出来るのは右のプロセスのうち、唯一発案権である。

「発案」というのは、憲法とはそもそも誰がつくるのかという問題であり、これまで「憲法制定権力」として論じられてきた。憲法制定権力とは、読んで字の如く、憲法を主体的につくることができる権力のことである。日本の憲法ではこの発案権は空欄になっていて、国民投票法案はこれを衆議院一〇〇名、もしくは参議院五〇名の議員としたのである。

論点は、法律をつくる権力は発案から議決まで国民の代理人に委任することができても、あらゆる法律の上位に位置し、「国のかたち」を決める憲法の発案を代理人に任せてもよいのか、という点にあり、これが本書のいう「囚われの憲法改正論」とかかわっている。端的にいって、憲法の制改定こそ国民が直接主権を行使すべき事柄ではないか。

議会は憲法によって設けられた一機関にすぎない。その議会が憲法をつくる（変える）ことができるとなると、理論的にはクーデターにも匹敵するような越権行為ということになる。それでは誰が憲法をつくることができるのか、それは権力の最高保持者である国民のほかにはありえない。今から二〇〇年以上も前、マサチューセッツ憲法は、憲法の発案権は国民にある、とした。

その後このテーゼはまたたくまに世界中に広がる。

表2は国民の発案権を定めている国であるが、その代表的な例がイタリアである。イタリアでは憲法改正の発案は議員一名でもできる。また国民にも法律（憲法を含む）の発案権が認められていて、国民による発案は五万人で可能としている（イタリア共和国憲法七一条二項）。イタリアの人口（本来は有権者数で比較すべきだが、便宜的に人口数で比較した）は、二〇〇一年現在で五七八四万人なので、約千分の一、全人口の〇・一％の支持が得られれば憲法改正案を提出できる。これを日本に置き換えてみると、人口は約一億二〇〇〇万人なので、その〇・一％は一二万人である。イタリアの制度を参考に日本で制度化すれば、私たち市民も一二万人の署名を集めれば憲法改正案を

表2　国民に憲法改正の発案権のある国

イタリア共和国	5万人以上の選挙権者
フィリピン	12％以上の選挙権者（ただし，すべての国会議員選挙区で3％以上の選挙権者が含まれなければならない）
オーストリア	10万人の有権者
スイス	10万人の有権者
スロヴェニア共和国	3万人以上の有権者
ルーマニア	50万人以上の有権者（全国の半数以上の県に属している必要があり，それぞれの県，またはブカレスト市において2万人以上の署名が必要）
キルギス共和国	30万人以上の市民の提案
リトアニア共和国	30万人以上の有権者
グルジア	20万人以上の有権者
ラトビア共和国	10分の1以上の有権者
モルドヴァ共和国	20万人の有権者
マケドニア（旧ユーゴスラビア共和国）	15万人の市民
コスタリカ共和国	最低5％の有権者（部分改正の場合）

国会に提出できるのである。これはもちろん十分可能な数字である。

表2の中では、イタリアのほかに、リトアニアやグルジアなどの東欧や旧ソ連諸国といった旧共産圏の国々の憲法もみておくべきだろう。

明治憲法制定の際には、元老院、政府関係者、さらにはロレンツ・フォン・シュタインなどの外国人のほか、東京日日新聞などの新聞社や五日市憲法草案など市民も憲法を考えその草案を発表した。また昭和憲法制定の際も、マッカーサー草案や政府の松本案だけでなく、各政党や東大教授だった高野岩三郎なども案を発表している。二一世紀憲法は二一世紀にふさわしく、文字通り国民主権の原理に基づく手続きで作らなければならないのである。本書の冒頭にみたように、今回の改正案は、政党だけでなく、新聞社、財界、あるいは政治家個人などから発信されているが、いわば肝心要の主権者である国民からの発信はほとんどみられないというのが大変気になるのである。

これとの関係で、議員発案権についても検討しておきたい。国民投票法案にいう一〇〇人と五〇人という数字は、通常の議員立法の要件である衆議院五〇人、参議院二〇人（予算を伴う法案の場合。国会法五六条一項）と比べてもいかにもハードルが高い。はっきりいって、この案では自民党と民主党以外の政党は発案できないのである。憲法改正という国民の一大事が、二つの政党によってしか発案できないとしたら、これこそ思想や表現の自由、ひいては国民主権にかかわる憲法問題であろう。

国民主権は名目的なものでしかなく、国民はそれこそ「お客様」であるという思想は、この発案権だけでなく、投票運動に関する規制にも表れている。

投票運動に対する規制

国民投票法案では、投票運動に対して厳しい規制をかけている。大きく分けて、投票運動に参加できない人を広範に規定していることと、報道機関に対する厳しい制限を行うことの二つである。

まず前者は、国民投票を選挙と同じものとみなし、裁判官や警察官といった特定の公務員や、国や地方自治体といったいわゆる行政に携わる公務員、または教育者、それに外国人といったさまざまな人たちが投票運動に関わることを禁じている。しかし国民主権の下では、そのような考えとはまったく逆に、「選挙」という最も民主的な手続きを行うときこそ、いつにも増して言論や行動の自由を認めるべきではないか。公職選挙法にいう買収や戸別訪問にかかわる膨大でさまざまな規制は、そもそも候補者や有権者は「悪をなす」というのが前提だ。しかし、有権者の意識は金銭では左右できないほどずいぶんと確かなものとなっているし、戸別訪問を含むさまざまな方法での情報を求めている。そろそろ「悪」の思想そのものを改めなければならないであろう。

どこの大学でも法学部があればかならず憲法の授業が行われる。憲法の授業といえば、今までどちらかといえば解釈論に終始してきたが、さまざまな憲法改正論はいわば生きた教材としてとても意義深いものである。だがこの規制のせいで、公務員の資格がある大学の教員がこの規定の適用を受けて授業でレクチャーできないとすれば、大仰に言えば授業そのものができないということである。これでは「学問の自由」に対する重大な規制となろう。

後者についても大きな問題がある。マスコミを規制することによって、投票運動自体が盛り上がらなかったり、国民が判断するために必要な材料を失ったり歪んだ情報しか得られない、ということになりかねない。

(1) 予想投票の公表の禁止

国民投票法六八条では予想投票の公表が禁止されている。これは、公職選挙法一三八条の三に定められている人気投票の公表の禁止と内容は同じであり、文字通り国民投票の結果、つまり改正に賛成が多いか反対が多いかを事前に予想することを禁止するものである。

(2) マスコミによる虚偽報道の禁止

同じく国民投票法案六九条では新聞・雑誌の虚偽報道の禁止を、同七一条は放送事業者の虚偽報道禁止を定めている。これも公職選挙法のそれぞれ一四八条と一五一条の三但書と同じである。

しかしこの規定は、公職選挙法よりもさらに規制を厳しくしようというもので、報道機関をおおいに萎縮させてしまう可能性を持っている。公職選挙法では、先に新聞や雑誌に報道の自由があると述べており、そのあとに但書で虚偽の記事は書いてはならないとして例外的に禁止しているにすぎない。しかし国民投票法案では、新聞や雑誌に対する禁止事項をそのまま直接的に規定している。この違いは非常に大きい。公職選挙法での例外規定が国民投票法案では本規定になっている。表現の自由の重要な一部分である報道の自由などどこかに飛んでいるのである。

国民投票法案の異常さがいかに際立っているかよくわかるだろう。

国民主権の核心は、「市民が法案を作り、法案を決定する」という「市民の立法権」にある。このような規定を憲法に盛り込んだ国が増えてきている。日本では立法権は国会に独占され(憲法四一条で、国会は唯一の立法機関とされている)、議員連盟の国民投票法案はこの思考の枠組みの中に閉じ込められているのである。

第2章

EU憲法条約の衝撃

拡大を続けるEU．EU加盟を祝福して歓喜の花火をあげるマルタ（毎日新聞社提供）

直接民主主義と並んで、改正論議に決定的に欠けているもの、それが憲法の国際化、ということである。この国際化というのは、「憲法前文」にもう少し「国際」を強調する文章を付け加えるというのではない。ここでいう国際化とは、世界的に広がるグローバリゼーション（とりわけアメリカの民主主義とドルを最優位とする価値観）のことであり、経済や金融だけでなく、情報、貿易、観光、さらには労働力から民族の血の混交まで、今後急速に進展する。そしてそれは、やがて「国家」というものの境界を溶かし始めるのではないか。そうすると、これまで「国家」というものを中心にして考えられてきた憲法の人権や統治機構というものにもある種の転換、そして決定的なそれをもたらすのではないか、ということなのである。これはもはや架空の話ではない。ヨーロッパでは国家の溶解は「EU憲法条約」（以下「EU憲法」という）として具体化されつつある。まもなくアジアでも同様なことが構想されていくだろう。このような動向への準備と対応は、憲法改正論の重要課題といわなければならない。

一　EUで起きていること

二〇〇三年、ヨーロッパには珍しく晴れた秋の一日、ベルギーの首都ブリュッセル。二五カ国の国が一つにまとまって新しい憲法を作ろうとしている心臓部を訪ねた。東京でいくら文献を読んでも、「超国家の憲法」の実感がわかない。理解はできても納得がいかない。そこで私は法政大学憲法研究会のメンバーとともに実際に現地に行き、EU憲法の起草者達から直接話を聞くことにしたのだ。

世界遺産に指定されているグラン・プラス（広場）を囲む一五世紀来の市庁舎や王の家などゴチック様式の荘重で様式的な建築物と比べると、場違いのように感じられる近代建築のEU本部で説明してくれたのは、ジスカール・デスタン元仏大統領が率いるコンベンションチームに加わったフランスの女性代表だ。彼女は言葉も文化も違い、そしてつい六〇年前まで互いに戦争（人殺し）をしていた国々が一緒になって、国家を超える超国家（EU）の憲法を創るということはどういうことか熱心に語ってくれた。

会議の後、歴史を感じさせる中世の石造りの建築群に混じった、古い木造三階建てのレストランでシャンパンを飲み、ムール貝を食べながら、私たちは日本の憲法改正状況に不安や寂しさを感じていた。ヨーロッパだけでなく日本にも確実にグローバリゼーションの波が訪れ、旧来型の「国家」は崩れつつある。ヨーロッパの国々は、これを敏感にキャッチし、これまでの国家の主権の一部を放棄してまで超国家として対応しようとしている。しかし現在なされている日本の憲法論議には、何故かそのような真摯かつ知的な営みを感じない。それが不安や寂しさの根源にある。

超国家の登場にあわせて、これまで国家が保障してきた人権概念も変化する。それは、それぞれの国家内部で考えられてきた人権が、国家を超えてEU全域で共通なものとなる、ということである。フランス国民もドイツ国民もすべてEU市民である。それゆえEU市民なら域内ではどこに住んでいても地方議会とEU議会への参政権が与えられる。しかし、このような共通化と同時に、またその勢いと反比例するかのように、地域・民族のアイデンティティの保護を強く求めるという動きも現れている、ということにも留意しなければならない。その端的な例が言語の尊重であり、言語こそ当該地域の文化や歴史を象徴するものと言ってよいだろう。EUではこれを最も重視した。英語、フランス語、ドイツ語その他二五カ国の言語への尊敬はあっても、EU統一言語への志向はまったくない。公的な文章は二五カ国すべてと各地域の言語で書き表される。EUではこうした二方向、正反対の事態が同時進行している。

そして、このようなグローバル化と個別化の二極分化の中で、EUの二五カ国統一のシンボルとして、超国家の国旗を青地に一二の星の旗に、そして国歌をベートーベンの交響曲第九番の「歓喜の歌」に定めたこと、さらに憲法前文に宗教（キリスト教）を入れるかどうかの大論争を行ったことなども知っておきたい。一五カ国、そして後に加わった一〇カ国、さらに今後予想されるイスラム国家トルコの加盟について考慮するとしても、憲法の最も重要かつ本質的な問題として、全体をまとめるアイデンティティが必要だと考えたためだ。

私たちは、憲法とはそもそも国家の権力をコントロールするためのものであり、権力を立法・行政・司法に分けたり、国民に権力に対抗する基本的人権を保障したりするのは国家権力の横暴を抑えるためだと教わってきた。ところがEUではその肝心要の国家の存在感が薄い。もちろん全部なくなるわけではないが、国家権力の中枢をなすと考えられてきた通貨発行権、外交権、ひいては軍事権までが超国家に委譲されようとしている。他方、これまた国家権力の中枢と考えられてきた自治体の統制も、「補完性の原則」により自治体のさらに細分化された組織であるコミュニティレベルまで委譲されようとしているのである。「超国家」はどのような権力をもち、基本的人権は誰に対して何を保障するものになるのか、人類史上見たことも聞いたこともないような実験が行われている。

二　EU憲法からなにを学ぶのか

EU憲法と制定手続

EU憲法は、第I部が統治機構、第II部（連合基本権憲章）が人権に関する規定、第III部（連合の政策と運営）があらゆる分野の政策を含む詳細な条項という三部構成として起草されている（第IV部に一般最終規定として附属議定書や宣言がある）。

まず、この憲法草案の起草方法が独特である。各国がそれぞれの思想や利害を持ち込んだら、もちろんこの憲法は制定することができない。そこでジスカールデスタン元仏大統領が率いる各国の精鋭（助教授、裁判官など）一〇五名からなるチーム（コンベンション）が、各国とは相対的に独立した機関として着手することになった。これは日本でも、先に見た三分の二の制約による「保守化」を脱却する方法として有効だ。

また、この機関の独裁・暴走を防ぐために、草案のすべての項目について全員が同意しなければ先に進まないということと、さらに二五カ国（当時一五カ国）すべての国の批准（国民投票もしくは議会の議決）がなければ発効しない、と決めたことを見ておきたい。一般的にいって全員合意など民主主義の下ではありえない。しかし、EUではあえてこのような選択を行った。この選択には、つい先ごろまで戦争をしていた国々が、言語を頂点とする文化や宗教の差を克服して、ともあれ短期間のうちに膨大な憲法典を纏め上げる、しかもそれが可能だという恐ろしいまでの「楽観主義」がある。また良い提案をすれば、地域・時間を超えてEU市民は必ずこれを受け入れるという市民に対する底知れぬ信頼感があると言ってよいのだろう。

長らく保守と革新との間で、改憲と護憲という形でにらみ合ったまま「良い案」の合意作りを放棄し、あるいは国民投票をすれば負けるかもしれないというような理由で、そもそも「国民投票法案」の論議すらボイコットしてきた日本の憲法状況と比べると、その落差は天と地ほどの開きがあるのである。

その歴史と教訓

EU成立の原動力は「二度と戦争をしないためにはどうすればよいか」であった。第一次・二次の大戦の原因となったのは、アルザス・ロレーヌとルールの石炭や鉄鋼石などの資源の奪い合いであった。その原因を取り除くための石炭鉄鋼地帯の共同管理が構想される。そして、ベネルクス三国から始まった共同管理の具体的な試みは、徐々にその参加国と内容の拡大をおこなっていく。さらに、このような共同管理という消極的な理由だけでなく、経済面でのアメリカや日本の脅威への対抗という要因もこの統合を加速させた。加盟各国は、その後二〇〇〇年には国家の基本的権利のひとつである通貨発行権を手放し、ユーロという共通通貨を作る。理事会や議会という機構を設置し、欧州裁判所の判決は、EUに存在する市民と企業などにとって直接的で最高の規範となった。そのような動きの中で、今や国家の最も基本の権利だと思われてきた軍隊さえも共同体のものにしようというEU軍の創設さえ考えられている。

このEU憲法の制定は、私たちの住むアジアにも大きな教訓を与える。

(1) 日本にも、ロシアとの北方領土、韓国との竹島、中国との尖閣諸島など、周辺諸国との間にいわゆる「領土問題」が存在し、この帰属をめぐってきわめてナショナリスティックな「対立と抗争」が繰り広げられている。最近の中国や韓国の「反日」デモを戦後最大の危機と称する人もいるくらいである。多分、それぞれの国が「主権」を振りかざしたらおそらくこの問題は永遠に解決しないだろう。そこでアジアでもEUと同じように「共同管理」するという発想が参考になる。

(2) 共同管理するとしても、勿論それだけでいいわけではなく、各国の「経済・安全保障・文化・スポーツ」などの幅広い交流が必要であり、それが制度や条約として具体化されていく必要がある。アジアでも日本・ASEAN包括的経済連携協定（AJCEPA）、東アジア経済共同体（ＥＡＥＣ）などの協定や組織が生み出された。これらの発展が政治的・経済的なアジア共同体を作っていく。ＥＵのユーロと同じように、日本・ＡＳＥＡＮ経営者会議などが主張している「アジア統一通貨」の発行等もそれを加速していくだろう。経済の一体化は政治の一体化を不可避としていくからである。

(3)　ＥＵの経験によれば、共同体形成に向けてのプロセスは、当事者となるアジア市民、紛争を解決するための「裁判所」、さらにはこれらの出来事をコントロールし運営する「委員会」組織を生み出し、最終的に国家を超える「超国家とその憲法」を創り出していく。

アジアでもつい数十年前まで「戦争」が行われていた。テロ等の危険は今でも続いており、さらに環境問題や貧困の問題は国境を越えて広がっている。それらの危機を乗り越えるには「国境」という仕切りをなくすことが一番だというのはＥＵが与えている最大の教訓だ。

三　ヨーロッパ市民権の誕生

「国境」はどうして越えられたか

一九六〇・七〇年代にかけて、ＥＣＣ、ＥＣと続いたヨーロッパ共同体の経済統合の深化は経済という枠を超え、人権や民主主義のあり方にも大きな発展をもたらした。

経済統合に伴い、経済活動の担い手である労働者の移動の自由が認められるようになったからである。しかし、域内を自由に移動できるようになった労働者が直面したのは、他国に働きに出たときに受ける外国人労働者としての不利益待遇であった。そこで共同体は、雇用条件、社会保障などを出国先の国内労働者と同じ条件にすることを、他国へ働きに出た労働者の権利として認めた。経済の一要素であった労働者が、移動の自由からはじまり、国境を越えて人権保障を手に入れていく。権利の拡大はその対象も拡大させる。労働者が国境を越えるということは、その家族も国境を越えるということだ。労働者の家族はその労働者とともに他国への移動、居住が認められ、国内の市民と同じように職業に就き、教育を受けることができる。

一言で言うのは簡単だが、その中では、各国で前から住んでいる国民との間に深刻な葛藤があった。「労働力を入れたつもりだったのに来たのは人間だった」というドイツの言葉はその間の事情を髣髴とさせる。

例えば、日本に一〇万人規模の外国人労働者が入ってきた場合に、保険や年金などの社会保障をどうするのか。あるいは保険に入っていない外国人が道で倒れていたら、そのまま放置しておくのか。誰が病院の費用を払うのか。また、千人、万人単位で居住する外国人が街づくりなどの政策にかかわらなくていいのか。ただでさえ不況なのに日本人の職はなくならないのか、というようなことに思いをめぐらしてみたい。考えてみれば、これらは九条以上に深刻で現実的な大政策論争が必要となるのではないか。

EUでは、これらの困難をひとつひとつ解決しながら、人権とはそもそも国境に区切られることなく普遍的に守られるべきものだと説いた。個別具体的にその原則を適用させる仕組みとして裁判所が活躍し、裁判所は法自体の論理性や小国のバックアップなどの政治的状況を背景にして、制度の設計者が思いもよらなかった力を発揮していく。そして積み重ねられた判例が後に条約としても整備され、二〇〇〇年のEU基本権憲章によって、EU市民が法的に位置づけられるようになった。(4)

EU憲法では、第I部第八条で、連合市民権として以下の権利を保障している。

①域内の移動及び居住の自由
②居住する加盟国内での欧州議会及び自治体への参政権
③母国以外の加盟国から外交的保護を受ける権利
④EU諸機関へのアクセス権

もっとも、EU域内で国籍を持つ市民には共通の人権が開放されたが、それ以外の国から来た移民については厳しい制約があり、EU市民以外にこの原則をどう普遍化させていくかはこれからの課題となっている。

統治機構

ヨーロッパ市民は自治を実現するために新たな組織を生み出した。これも従来型の一カ国主権のもと、いわゆる三権分立を定めてきた近代憲法とは相当異なる。EU憲法は今回、欧州大統領および欧州外相を新設した。名実ともEUを代表する「顔」を定めようというのである。この顔を支えるのが、欧州委員会、欧州議会、欧州裁判所の三つである。これらの機関は、必ずしも三権分立の関係に立つわけでなく、その関係は少し複雑である。これを「欧州議会」の視点から見てみよう。

そもそも議会とは、権力分立の中で行政をチェックする機能が求められ、その手段として立法権を有している。しかし、欧州議会は当初は民主的諮問的機関として位置づけられ、欧州委員会などに対して意見を述べるだけの存在に過ぎなかった。しかしそれでは民主主義的正統性に欠ける（西欧におけるこの「正統性」へのこだわりは日本人の想像以上である）。そこでEU憲法は議会の地位を高め、一定の範囲内で議会が立法権を持ち、内閣に相当する欧州委員会の人事の権限も持つようになった。正確にいうと、各国首脳からなる欧州理事会が上院として各国の利害を反映し、EU全体から選ばれた議員で構成する欧州議会は、下院としてEU全体の意見を表明する。

しかし、議会が民主主義的正統性を得るにはまだまだいくつかの乗り越えなければならない障害がある。第一は、行政優位の状況にどう立ち向かうかということである。EUの場合、行政は各国政府指名の一名の委員からなる欧州委員会とその下の官僚機構によって行われる。欧州委員会は、民主的な正統性が疑問視されながらも、欧州統合を推進する政策を作り続け、現在もEU法の法案作成、提出権を独占している。

第二は、欧州裁判所に代わって、欧州統合の価値を具現化できるかということである。欧州裁判所は、各国や各国民の間の制度や文化の相違を具体的な判決を積み重ねることで各国の相違を乗り越えてきた。その意味で政策の立案、実行を行ってきた欧州委員会とは車の両輪であった。しかし、

ＥＵ全体を統合する価値は個別の事例の解決という段階を越えて徐々に立法によって具現化されるべきものとなっている。議会はヨーロッパ社会の価値を立法という形で実現できるのだろうか。

第三は、政党の存在意義である。欧州議会の勢力、とくに会派を見ると各国ごとの政党が集まる連合体のように見える。会派間に際立った対立軸はなく、政党はかなりあいまいな存在だ。

第四は、間接民主主義の限界にどう挑むかである。欧州議会の選挙では、各国の国政への批判として野党に票が集まる傾向があると言われている。つまり各国国民の投票行動は、その時々の国内政治への反応として表れ、必ずしもＥＵの政策そのものは争点になっていない。投票率も低い。このような間接民主主義の問題だけでなく、直接民主制からの挑戦についての対応も興味深い。ＥＵは官僚機構が肥大化し、地理的範囲が巨大になった分、市民からは遠い存在になった。これは「民主主義の赤字」といわれる。これに対して反撃したのが市民である。各国ＮＧＯはＥＵ憲法の中に法案の直接請求権を盛り込むことに成功した。ＥＵ市民一〇〇万人の署名があれば直接議会に対して議案を提出することができるというのである。今後、議会と市民が対立した場合どうなるか、間接民主主義の限界と直接民主主義の見直しは、日本と同じように欧州議会にも課題として横たわっている。

補完性の原則

このほかにも日本の憲法に影響を及ぼす可能性のある論点として補完性の原則を見ておこう。

ＥＵ憲法は、国際化と分権化を同時進行的に進める。国際化は全地域、全地球的な画一的標準化を求めるが、一方、市民はそれに反比例するかのように、身近なところでの個性の確保を求めた。個性は言語を筆頭にして文化や伝統によって規定される。つまり「国家主権」は一部が超国家に、一部が地域に分解されていくのである。この地域の個性を守るという論点を具体化するのが、「身近な問題は身近な機関で解決する」という補完性の原則である。住民に関係する問題はできるだけ身近なところで決定されたほうがよい。それが出来ない場合にのみ、県議会、州議会、国会、ＥＵへと問題が移されて決定される。この原則は一九世紀のローマ法王の思想に端を発し、マーストリヒト条約を経て、補完性の原則として確立した。これはヨーロッパ自治憲章、そして二〇〇三年には世界地方自治憲章にも盛り込まれた。こうして地方分権がすすみ、各民族や地域の独自性が尊重されるようになる。これは個々人の自己決定権の尊重と言い換えてもよい。

ヨーロッパではもともと、自治体は境界を管理しない政府と考えられており、過度に中央集権化した日本とはまったく逆の発想だ。この補完性の原則は日本の地方分権改革にも光をもたらすだろう。

批准と国民投票

ＥＵ憲法は、加盟各国でそれぞれ議会もしくは国民投票で批准される（議会での議決と国民投票の双方を行う国もある）と発効する。しかし、二〇〇五年六月、フランスとオランダの国民投票で相次いで否決された。これを受けてイギリスのストロー外相が国民投票を凍結すると発表したため、まだ批准を終えていない国々でも「負の連鎖」が起こるのではないかと言われ、「EU最大の危機」となっている。

なぜこのような事態になったのか。フランスではEU憲法そのものに対する批判というよりは、東欧からの安い労働力の流入と雇用不安が大きくなったため、シラク政権への不満が爆発したと言われている。一方のオランダは、EUへの拠出金に見合った利益を享受できていないこと、あるいはフランスと同じように、労働力の流入と社会不満が重なったためと見られている。ちなみに、オランダでは議会の八〇%以上が賛成していたのに対して、国民投票では六〇%以上が反対にまわるという、議会と国民の乖離も問題視されている。

それでは、今後この憲法はどうなるのであろうか。私はこれら国民投票が行われる寸前の二〇〇五年五月、欧州議会の議長であるヤルツェンボウスキー氏に、率直にこの点について問いただしたことがある。彼は、加盟国とEUの権限の区別、及びEUに委譲された権限の行使の問題を分けた上で、グローバル化する世界経済の下で各国内部の政策と共同体全体の政策をどのように調和させていくかが問題だとし、これらは各国内部の政策を重視せよという声だと受け止めていた。年金、社会福祉、地域経済などは各国に任せよというのが彼の意見だが、早くもこれをめぐって各国の利害が噴出したということであろう。

ECSCの成立以来、EU五〇年の歴史は、権限委譲をめぐる駆け引きの歴史でもあった。そしてその調整は必ずしも順調なときばかりではなかった。一九六〇~七〇年代にかけて、フランスのドゴール大統領は、共同体の決定がフランスを拘束することを嫌い、ＥＥＣの機関からフランス代表を引き上げさせている。しかし、それでも欧州は共同体の結束をあきらめず、一九七六年には欧州議会の直接選挙を行い、一九八〇年代にはドロール委員長の登場で通貨統合への道が加速された。ＥＵでは実験と挫折が繰り返されてきている。

ヤルツェンボウスキー氏は、これらの歴史をくり返し説いた上で、マーストリヒト条約やニース条約の例を挙げ、仮に「国民投票」で否決されたとしても、それは一時的なもので、「待つことが肝要だ」と強調していたのが印象深い。

私たちもこの粘り強さを忘れるべきではないだろう。

第3章

日本の統治機構

2005年8月，演説をする小泉首相とつめかけた群集．熱狂のあとに待つものは何か（読売新聞社提供）

二一世紀の憲法改正論は、国際化と地域化の波、すなわち「国家の相対的解体」の問題を避けては通れない。しかし、このような本質的論点は、各種憲法改正案には見ることができない。そこで、以下では各種憲法改正案を参照しながら、「国家」の形をつくっている「統治機構」をみていきたい。

一　行政権

明治憲法が生んだ「無限大と無答責」

日本はすべての権限が国に集まる中央集権の国といわれ、それは官僚によって仕切られてきた。この官僚の力を保障しているのが「行政権」である。つまり官僚が力を持っているのは、この行政権が強大だからである。したがって、この行政権の改革なしには官僚の改革もありえないのである。私たちは『市民の憲法』で改革の最終局面として、行政権を国民主権の下に置くために、議院内閣制により国会が内閣総理大臣を選ぶという間接的な方法ではなく、直接国民が選ぶ大統領制を提案した。大統領制というといかにも強大な権限を持つ「独裁者」というイメージが強いが、行政権と立法権の二権を持つ日本の総理大臣よりも、行政権しか持たないという意味で、はるかに弱い権限しかもたないのである。にもかかわらず、ほとんどの人が大統領イコール独裁者のイメージをぬぐいきれないのは、まさに大統領ではなく行政権の強力さを暗に承認しているからであろう。

さてこの行政権について、各種憲法改正案では当初大統領制が話題となったが、これが立ち消えになり、次いで首相公選制が議論された。しかしこれも次第に後退し、今では現憲法の「行政権は内閣に属す」という部分を「行政権は内閣総理大臣に属す」として、総理大臣の権限を強化するという程度にとどまっていることに留意しておきたい。肝心の行政権の改革は見捨てられ、行政の主体の変革にとどめられたのである。

さて、それでは行政権とは何か。それは鳥瞰的にいえば、明治憲法（聖徳太子以来という説もある）によって土台を築かれ、戦時体制のもとで肥大化し、マッカーサーの洗礼をかいくぐり、戦後日本の成長の原動力となった。しかし、二一世紀になって逆に足かせとなって私たちの前に立ちはだかっている。

この日本で最も強固な権力として今なお生き続けるこの構造を理解するには、明治憲法までさかのぼらなければならない。

明治維新直後に作られた「五箇条の御誓文」は、「天下の権力はすべて太政官に帰す。太政官の権力をわかって、立法、行政、司法の三権とす」として三権分立をわが国の統治体制として採用した。注目すべきは、その後制定された明治憲法では議会は「天皇ハ帝国議会ノ協賛ヲ以テ立法権ヲ行フ」（五条）とされ、司法も「司法権ハ天皇ノ名ニ於テ法律ニ依リ裁判所之ヲ行フ」（五七条）とされ、憲法上の規定を与えられたにもかかわらず、行政権は「天皇ハ行政各部ノ官制及文武官ノ俸給ヲ定メ及文武官ヲ任免ス」（一〇条）というような規定を置いただけで、その本質を示すなんらの規定も持っていなかったということである。これは行政権を軽く見たというのではなく、その正反対、すなわち行政は、神でありすべての権限を持っている天皇が一手にこれを行うということであり、天皇は神であるが故に誤りも責任も存在しないとされたのである。これが現在の行政権の本質を形づくることになる。

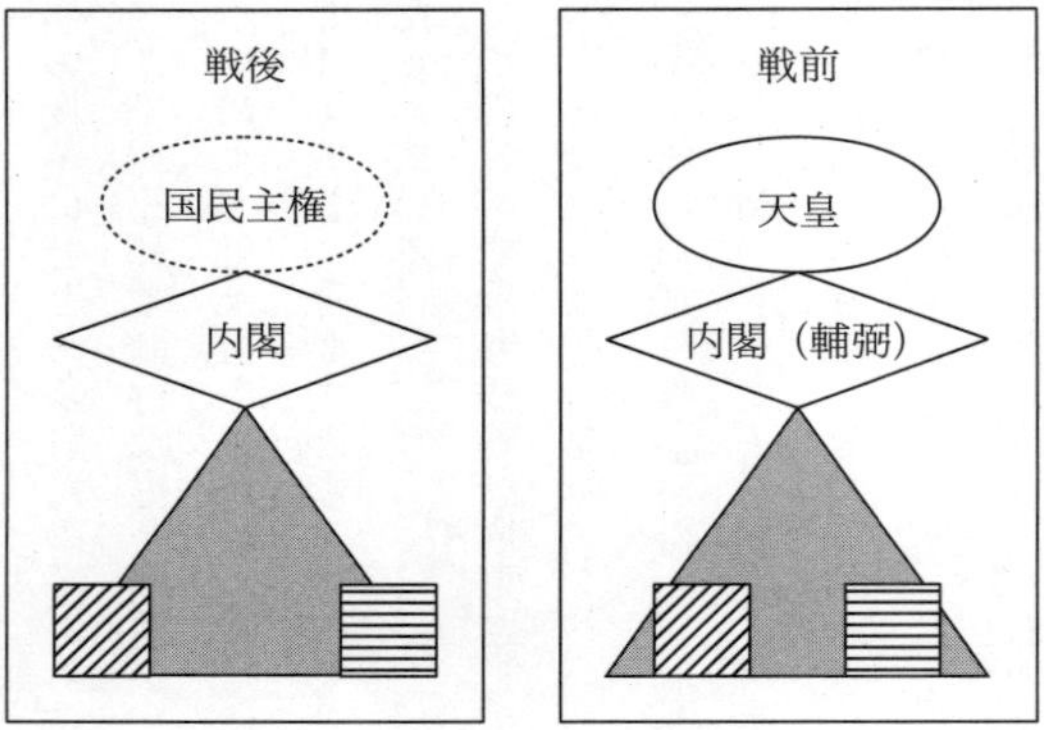

図1　行政のイメージ

戦後、現憲法は「行政権は、内閣に属する」（六五条）として行政権を規定し、その職務として「内閣総理大臣は、内閣を代表して議案を国会に提出し、一般国務及び外交関係について国会に報告し、並びに行政各部を指揮監督する」（七二条）、及び内閣の事務として「法律を誠実に執行し、国務を総理すること」（七三条一号）とした。しかし、この「戦後改革」でも、明治憲法で規定された、行政権は「無限大と無答責」という理解は克服されていない。図1はこれをわかりやすく見たものである。戦前はまず天皇（楕円）があり、それを輔弼する制度として内閣（菱形）がある。そして、この内閣が「天皇の名」において、司法（斜線の四角）と立法（横線の四角）を取り仕切

事務次官会議で異例の訓示にのぞむ橋本龍太郎元首相（毎日新聞社提供）

っていた。戦後は、天皇の権力は国民主権に取って代わられたが、立法も司法も完全に独立しているというのではなく、行政の外に少しはみ出しているという構図である。

この構造を最も端的に表したものとして、二つの事例を挙げておこう。ひとつは、「行政権とはなにか」という問いの答えとして戦後憲法学において通説となっている行政控除説と呼ばれる学説である。これは、行政権とは国会や裁判所が行う仕事を除いたすべての権力を行使する権限を有しているというものである[5]。

後にみるように、国会の立法権は官僚が作る閣法によって圧倒され、行政権をコントロールするために裁判官の独立を定めた規定も司法消極主義によってゆがめられ、違憲立法審査権がすっかり抜かずの刀に堕しているのは、この行政控除説に遠因している。

もうひとつ、行政権のオール・マイティ性を端的にあらわすものとして、事務次官会議[6]がある。

事務次官会議

事務次官会議とは、各省の官僚のトップである事務次官が一堂に会して開催される「官僚・省庁」の最終意思決定を確認する会議であり、「政治」の最高意思決定を行う閣議の前日に開催される。

事務次官会議に法的な根拠はなく、戦前から慣例として継続されてきており、それは明治憲法の構造と深くかかわっている。

明治憲法では、法的には内閣という統一した組織はなく、各国務大臣が天皇にそれぞれ単独で仕える単独輔弼制度（内閣全体でなくそれぞれの大臣が天皇に仕える制度）によって各省庁はバラバラとされていた。そのため、天皇から統治権を委任された軍部や枢密院など、内閣以外の国家機構がきわめて強くなり、内閣制度は脆弱なものであった。

しかし満州事変、日中戦争開始という事態の急激な変化は、必然的に戦時体制への移行を迫り、第一次近衛内閣は国家総動員法を制定（一九三八年）し、内閣による統制力の強化が求められた。ところが実際には国家総動員法は動員の枠組みを示しただけで、その運用は勅令に委ねられていた。本来内閣の強化を求めたこの法律が、逆に行政官庁のセクショナリズムをより激しいものとしたのである。

そこで各省庁の調整のため考えられたのが「次官会議」である。戦時体制を強化すべく第二次近衛内閣は再び内閣統制の強化を目論んだ。一九四一年、国家総動員法を改正し、各省庁への更なる授権を強化すると同時に、政府が議会に提出する案件の整理を行うための「次官会議」を設置し、それを閣議の前日に行うことにしたのである。その後、戦局が深刻化するのに伴って、次官会議は強化されていき、敗戦直前の一九四五年四月には、ついに案件の整理だけでなく具体的施策の立案まで行うという閣議に準ずる役割を得るに至った。つまり戦時体制の強化とともに、官僚はその権力を増大させていくのである。

敗戦後の一九四六年、GHQの指示のもと日本国憲法が制定され、官僚の力の源泉であった天皇大権は国民主権に切り替えられた。これに伴い行政権も国民のものになり、国民主権のもとでの三権分立制が打ち立てられた。内閣は、国会で選任された内閣総理大臣の指名する大臣（なおその半数以上は国会議員でなければならない）によって組織された「政治組織」であり、行政はこの内閣が担当することになった。天皇大権の中で「黒子」として行われてきた行政が、ここに名実とも国民のものになるはずであった。にもかかわらず、官僚側は憲法案の徹底的な骨抜きを図り[7]、次官会議も事務次官会議としてそのまま残り、これがそのまま現在まで生き延びてきたのである。

この事務次官会議と行政は何でも出来るという行政控除説が結びついたとき、どのような事態が生ずるか。

事務次官会議は、閣議の前日、明日の閣議に提出するための議案を、全員一致の原則の下で決定する。この全員一致原則をスムースに行うために、議案はすべて事前に調整される。また各省庁はここをスムースに通すために、互いに他の省庁の案には反対しない。

閣議は、この事務次官会議で承認された議案以外は議案とすることができず、また閣議にかけられた議案はすべて賛成しなければならない。実際には官房副長官が議案を読み上げ、各大臣は順次その議案について「花押」（署名）するというサイン会になっているのである。

つまり政治の組織として設置された閣議は、完全に官僚の支配下に置かれているのであり、行政権は、行政の長であり、立法の支配者である内閣総理大臣と結びつくことによって、天下無敵となる。内閣総理大臣は国会で選ばれているので、内閣総理大臣の提出する予算及び法案は、論理的にはすべて可決されることになる。日本の総理大臣は、行政権しか掌握していないアメリカの大統領と比べてもはるかに大きい権限を有しているのであり、官僚独裁の秘密はここにある、と言っても過言ではないであろう。

日本版GAOと行政権

しかし行政権の肥大化は、何も国民、あるいは野党だけの問題ではなく、度重なる官僚のスキャンダルも重なって、与党そのものの重荷ともなった。特に「財政赤字」は行政権の縮小、ひいては「小さな政府」の成立を待望させるものとなった。一九九〇年代半ば、橋本総理大臣は「行政改革」に着手し、当時の二四省庁を現在の一二省庁に再編する等多くの改革を行った。しかし、それがどんな効果を生み出したか、国民の多くが首をかしげている。それは例えば、肝心のこの省庁改革が、ただ一つの組織も法律も予算も、そして一人の公務員の首も切らずに、ただ束ねて整理しただけにすぎないものだったからである。ここではこれを裏書きするようなもう一つの証拠を挙げておこう。

旧民主党は、相次ぐ官僚の腐敗をみて日本版ＧＡＯ（行政監視院）を作ろうとした。これに対し

表 3　行政権監視の日米英比較

	米国	英国	日本
行政(大統領府・内閣)	OMB(行政管理予算庁) 財務省	大蔵省	財務省 会計検査院 総務省監察局
議会	CBO(予算局) GAO（行政監視院)	NAO（行政監視院)	

て、官僚は「行政側は行政権がある」、「国会（立法府）が行政の監督をするのは行政権の侵害で、三権分立に違反する」として徹底抗戦した。GAO（The Government Accountability Office）とは、議会が行政を監督、監査するための組織であり、欧米では議会の付属機関となっている。これは、議会とはそもそも官僚をコントロールする、もっと言えば官僚の力の物質的な源泉である「お金」をチェックするものだという、いわばイギリスのジョン・ロック以来の通説によれば、いかにも理にかなったものであった。

日本にはGAOに似たような組織として「会計検査院」があるが、これは議会の付属機関ではなくあくまで行政機関である。同じ行政の身内同士では厳しい査定をすることができず、行政の無駄使いを根本的に監督することはできない。

当時の民主党代表の菅直人は橋本龍太郎首相に論争を挑んだ。しかし議会には議会の、行政には行政の固有の縄張りというものがあって、そこには互いに足を踏み入れることができないのだという官僚の強烈な「行政権独立」の主張があって、未だに日本版GAOは具体化していないのである。

●行政改革会議での佐藤幸治の主張

従来，わが国にあっては，この内閣の国務を総理する権能，政治の権能は，やや軽視される傾向があった．それについては種々の背景・事情が考えられるが，明治憲法体制下で培われた行政各部中心の行政（体制）観が大きく作用していたものと思われる．「行政改革の理念と目標」において明らかにしているように，「行政各部」中心の行政（体制）観，行政事務の各省庁による分担管理原則は，生産力の拡大ないし欧米先進国へのキャッチアップという単純な価値追求が大きな命題であった時代には適合的であったとしても，国家目標が複雑化し，時々刻々変化する内外環境に即応して迅速かつ賢明な価値選択・政策展開を行っていかなければならない現今の状況下にあって，その限界ないし機能障害を露呈しつつある．われわれは，この現今の状況を直視し，「国務を総理する」という内閣の高度の統治・政治の作用に注目する必要がある．

橋本行革と内閣強化の理論

このようにして、橋本行政改革は完全に失敗している。しかし、そのなかでたった一つ、外側からはあまり見えないが、収穫らしい収穫をあげるとすれば、「内閣法」の改正である。

これを理論的に強力にバックアップしたのが行政改革会議委員であった憲法学者・佐藤幸治である。佐藤の主張を要約するとこうだ。

各省庁がばらばらに仕事を分担していくやり方は、目標がきっちり定まっていた時代には通用したが、それがなくなるとうまくいかない。複雑でスピードが速い時代に的確に対処するためには、内閣総理大臣を中心とする強力な政治的リーダーシップが必要である。

行政権は転換させなければならない。しかも憲法を変えないで。

憲法学者佐藤はこれを、内閣法一条一項にワンフレーズを挟むという手法で、成し遂げた。難攻不落の行政権に鮮やかな一太刀を浴びせたのである。

さっそく内閣法一条一項の改正前と後を比較してみよう。

内閣法第一条

（改正前）内閣は、日本国憲法第七三条その他日本国憲法に定める職権を行う。

（改正後）内閣は、国民主権の理念にのっとり、日本国憲法第七三条その他日本国憲法に定める職権を行う。

改正前は内閣は単に憲法七三条に列挙されている職権を行うとされているのに対し、改正後は「国民主権の理念にのっとり」というフレーズが追加されている。これは一方で内閣総理大臣を中心とする内閣に正統性（内閣総理大臣は議会から選任されるが、大統領のように直接国民には基礎を置いてない）を与え、他方これを警戒する側への説得として、「行政権一人歩き」の歯止めという意味がある。

ちなみに、佐藤の理論は内閣法にとどまらず、憲法論にも及ぶ。従来の憲法理論では、内閣総理大臣の職務として「行政各部を指揮監督する」（七二条）という部分に焦点が当てられていたが、内閣の職務として「法律を誠実に執行し、国務を総理すること」（七三条一号）があげられていることを重視した。この「国務を総理する」という規定を正面から見れば、それは国政全般についてリ

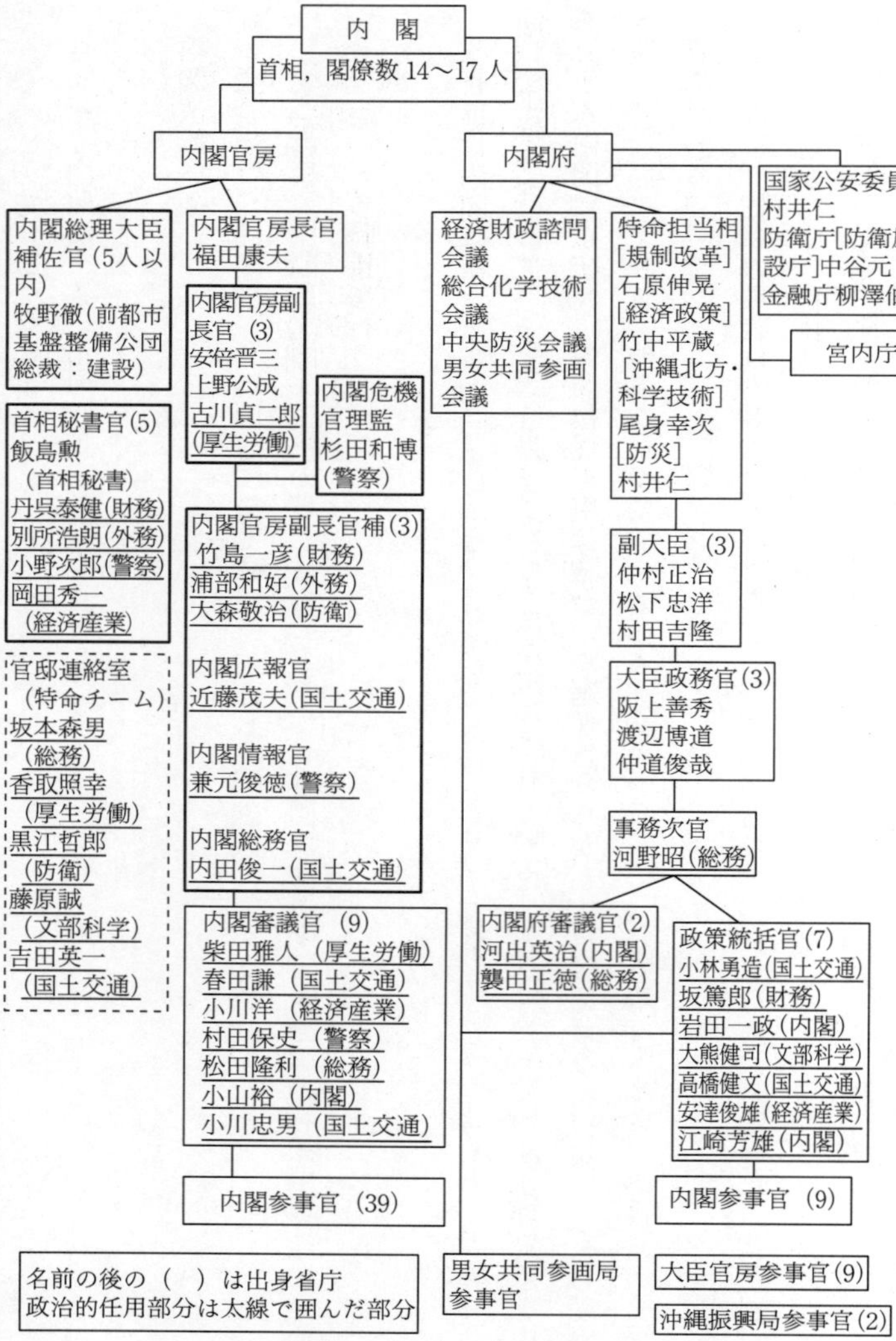
内 閣
首相，閣僚数14〜17人
内閣官房
内閣府
内閣総理大臣補佐官(5人以内)
牧野徹(前都市基盤整備公団総裁：建設)
内閣官房長官
福田康夫
内閣官房副長官 (3)
安倍晋三
上野公成
古川貞二郎(厚生労働)
内閣危機官理監
杉田和博(警察)
首相秘書官(5)
飯島勲
(首相秘書)
丹呉泰健(財務)
別所浩朗(外務)
小野次郎(警察)
岡田秀一
(経済産業)
内閣官房副長官補(3)
竹島一彦(財務)
浦部和好(外務)
大森敬治(防衛)
内閣広報官
近藤茂夫(国土交通)
内閣情報官
兼元俊徳(警察)
内閣総務官
内田俊一(国土交通)
官邸連絡室
(特命チーム)
坂本森男
(総務)
香取照幸
(厚生労働)
黒江哲郎
(防衛)
藤原誠
(文部科学)
吉田英一
(国土交通)
内閣審議官 (9)
柴田雅人 (厚生労働)
春田謙 (国土交通)
小川洋 (経済産業)
村田保史 (警察)
松田隆利 (総務)
小山裕 (内閣)
小川忠男 (国土交通)
内閣参事官 (39)
経済財政諮問会議
総合化学技術会議
中央防災会議
男女共同参画会議
特命担当相
[規制改革]
石原伸晃
[経済政策]
竹中平蔵
[沖縄北方・科学技術]
尾身幸次
[防災]
村井仁
国家公安委員会
村井仁
防衛庁[防衛施設庁]中谷元
金融庁柳澤伯夫
宮内庁
副大臣 (3)
仲村正治
松下忠洋
村田吉隆
大臣政務官(3)
阪上善秀
渡辺博道
仲道俊哉
事務次官
河野昭(総務)
内閣府審議官(2)
河出英治(内閣)
襲田正徳(総務)
政策統括官(7)
小林勇造(国土交通)
坂篤郎(財務)
岩田一政(内閣)
大熊健司(文部科学)
高橋健文(国土交通)
安達俊雄(経済産業)
江崎芳雄(内閣)
内閣参事官 (9)
名前の後の（ ）は出身省庁
政治的任用部分は太線で囲んだ部分
男女共同参画局参事官
大臣官房参事官(9)
沖縄振興局参事官(2)

図2 内閣のしくみ（2004年の例による）

ーダーシップを発揮するということである。したがって内閣総理大臣は「内閣を指揮し代表するリーダー」でなければならない。その根拠は国民主権であり、その具体的措置が「閣議は、内閣総理大臣がこれを主宰する。この場合において、内閣総理大臣は、内閣の重要政策に関する基本的な方針その他の案件を発議することができる」（内閣法四条二項。先にみた改正と同時改正）というものである。たったひとつの文言が、官僚支配の体制を守り続けた法と理論に風穴をあける。これが立法の醍醐味であり、佐藤が放ったまさに乾坤の一擲と言えよう。

こうして行政権は官僚の独占物ではなく、国民に開かれているという新たな法的根拠が与えられた。しかし、肝心の行革は、小さな政府を作るため、行政機関を整理縮小しなければならないはずなのに、たとえば従来の建設省、運輸省、国土庁、北海道開発庁が、法律のひとつ、組織のひとつも変えられずにそのまま合体して国土交通省に変身したように、質的変化は何もなく、縦割り行政もそのまま継続された。政治の無関心、その間隙を縫った霞ヶ関官僚の失地回復、内閣府内に設置された経済財政諮問会議などの形骸化、さらに、せっかく政治任用ポストが作られたのに民間人ではなく官僚が多数登用されるなど、橋本行革で作られた仕組みは休眠し、その機能が動き出すのは、皮肉にも橋本と総裁選を争って総理になった小泉純一郎になってからであった。

橋本行革の鬼っ子、小泉内閣

聖域なき構造改革を唱える大統領型首相・小泉純一郎は、聖域である行政の改革にも着手する。

予算に絶対的な権限を持っている財務省から官邸に予算編成権を実質的に移すため、官僚と敵対する学者と財界人からなる経済財政諮問会議を重視し、ここで「骨太の方針」を作り、財務省に対抗して予算編成の主導権を握ろうとした（図3「予算編成の経緯」参照）。また、人気作家の猪瀬直樹を起用するなどして道路関係四公団民営化推進委員会を設置して改革を委ね、国土交通省及び族議員と対立する。郵政民営化の敵は、自らの出身母体である自民党そのものであった。戦前からの延長上にすべてを官僚に依存してきた自民党のその総裁が「自民党を壊す」と言ってのけた「奇人」ぶりに国民は拍手喝采を送り、野党である民主党もこれを応援する、というような前代未聞の事件が起きた。内閣支持率九〇％というのはおよそ空前絶後といってよく、小泉は、自民党を含めて「戦後官僚政治の終焉」を期待させた。

しかし、現在のところ、小泉構造改革はいずれも中途半端に終わっている。道路公団民営化では国土交通省と道路族の強烈な巻き返しで、高速道路は以前と同じく赤字が不可避であるにもかかわらず、税金で全区間作られることになった。四〇兆円に上る借金は四〇年返済という先送りとなった。組織も、民営化の唯一の切り札であった利益を上げるというインセンティブが働かない上下分離方式がとられた。郵政民営化も本来の財政投融資の問題がどこかに置き忘れられて、民営化という手段が目的と化してしまったように見える。

これは小泉内閣の評価にも係わってくる問題で、小泉改革を「今まで何もしてこなかった小渕政権や森政権と比べれば大進歩だ」として一〇〇点をつけるか、「実質的な改革は何もされていない。

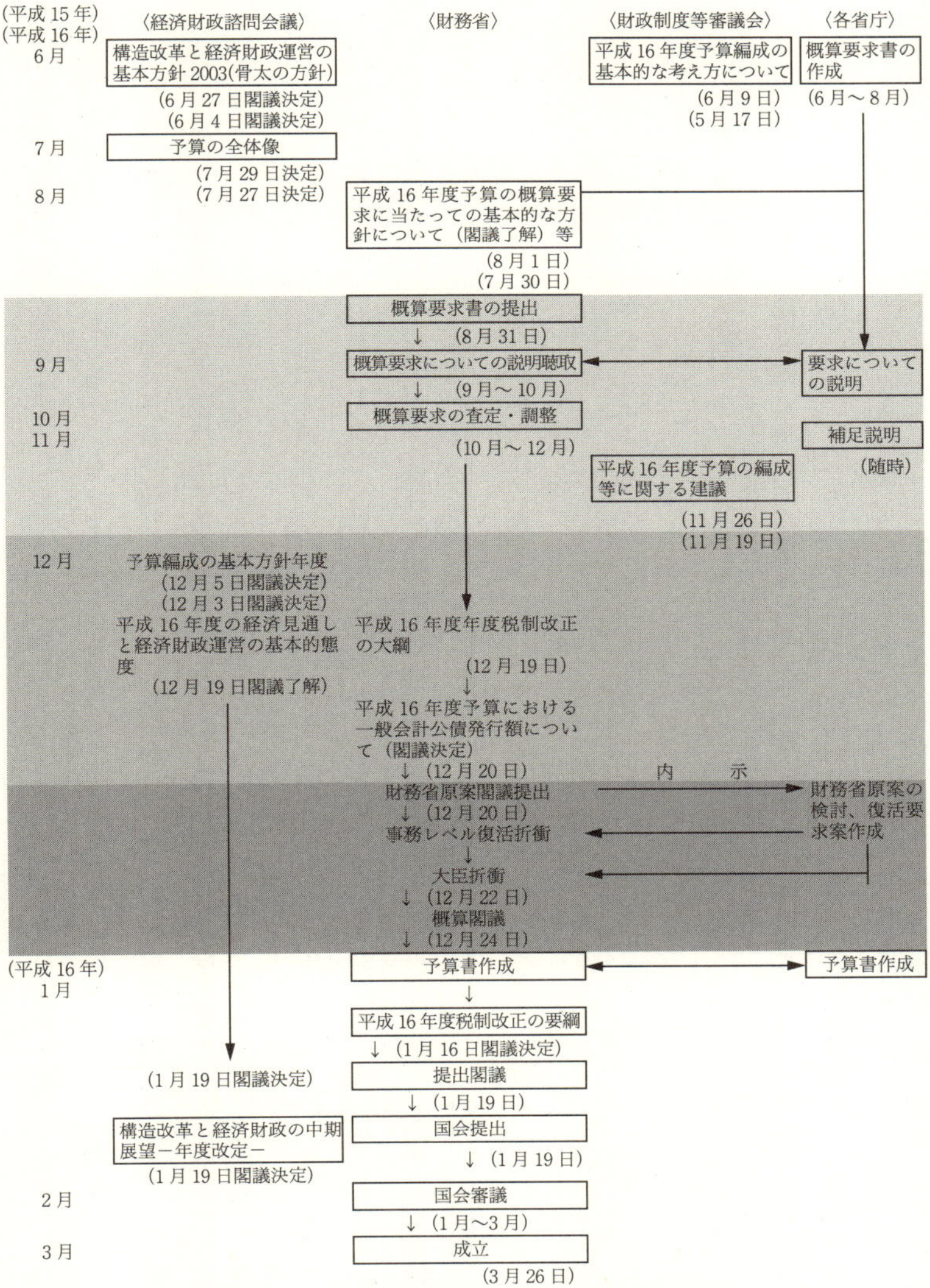
(平成 15 年)
(平成 16 年)
〈経済財政諮問会議〉
〈財務省〉
〈財政制度等審議会〉
〈各省庁〉
6 月
構造改革と経済財政運営の基本方針 2003(骨太の方針)
(6 月 27 日閣議決定)
(6 月 4 日閣議決定)
平成 16 年度予算編成の基本的な考え方について
(6 月 9 日)
(5 月 17 日)
概算要求書の作成
(6 月～8 月)
7 月
予算の全体像
(7 月 29 日決定)
(7 月 27 日決定)
8 月
平成 16 年度予算の概算要求に当たっての基本的な方針について（閣議了解）等
(8 月 1 日)
(7 月 30 日)
概算要求書の提出
(8 月 31 日)
9 月
概算要求についての説明聴取
要求についての説明
(9 月～ 10 月)
10 月
11 月
概算要求の査定・調整
(10 月～ 12 月)
補足説明
(随時)
平成 16 年度予算の編成等に関する建議
(11 月 26 日)
(11 月 19 日)
12 月
予算編成の基本方針年度
(12 月 5 日閣議決定)
(12 月 3 日閣議決定)
平成 16 年度の経済見通しと経済財政運営の基本的態度
(12 月 19 日閣議了解)
平成 16 年度年度税制改正の大綱
(12 月 19 日)
平成 16 年度予算における一般会計公債発行額について（閣議決定）
(12 月 20 日)
内　示
財務省原案閣議提出
財務省原案の検討、復活要求案作成
(12 月 20 日)
事務レベル復活折衝
大臣折衝
(12 月 22 日)
概算閣議
(12 月 24 日)
(平成 16 年)
1 月
予算書作成
予算書作成
平成 16 年度税制改正の要綱
(1 月 16 日閣議決定)
(1 月 19 日閣議決定)
提出閣議
(1 月 19 日)
構造改革と経済財政の中期展望－年度改定－
(1 月 19 日閣議決定)
国会提出
(1 月 19 日)
2 月
国会審議
(1 月～3 月)
3 月
成立
(3 月 26 日)

図 3　予算編成の経緯(平成 16 年度予算(四角囲みの日付は平成 17 年度予算)の例)

かえって官僚の権限範囲を拡大しただけだ」としてマイナス一〇〇点とみるかは、コップ半分の水を「まだ半分ある」とみるか「もう半分なくなった」とみるかで分かれる。

内閣法改正で注目された国民主権はどこにいったのだろうか。行政権は、内閣法によって主権者である国民に規定される。国民がきちんと監視していなければ、行政権も過去に戻ってしまうのである。

もっと言えば、行政権の本質的転換は、議院内閣制という総理大臣が実質的に行政と立法の二権を掌握する制度ではなく、大統領制に変更し、この大統領に国民から直接選ばれたという事実に基づいて、「内閣法」にみられる「国民主権の理念に基づき」という文言ではなく、直接民主主義の当然の表れとしての「国民主権に基づき」という法的根拠を与えることによってしか実現できないのではないか。しかし、各種憲法改正案にはここまで掘り下げた議論は見られない。

二　議　会

「立法・議会」の地位

「主権」、すなわち国の源にある力は国民にある。「そもそも国政は、国民の厳粛な信託によるものであって、その権威は国民に由来し、その権力は国民の代表者がこれを行使し、その福利は国民がこれを享受する」（憲法前文）。議会、行政、裁判所。すべて天皇の機関であった権力は、国民のものに変えられ、新たに地方公共団体が登場する。昭和憲法によれば、まさにこれらの権力は国民の信託を受け国民に奉仕すべきものであった。しかし、いつしかこれらの機関は「統治機構」、すなわち「国民を支配する機関あるいは権力」にすり替えられている。なぜ国民が選んだ議会によって国民は支配されなければならないのか。誰も答えないまま、いつしか「統治」の観念が一人歩きし、その分だけ主権は形式的なもの、すなわち、選挙で議員を選ぶだけ、とされるようになった。

議会の失墜

国民は国会議員一人に対して議員歳費だけで二四〇〇万円、秘書給与や議員会館の事務所の維持費等を合わせると年間一億円近い税金を払っている。それでは国会議員は国民に対して何を返しているのか。この問いに対してきちんと答えられる国会議員はほとんどいない。

国会議員の質の低下もおびただしい。これに関する材料は山ほどあるが、とりあえず、たとえば試みに衆議院ホームページの審議中継のライブラリを見てみよう。そこは、珍質問、迷質問の山となっている。

また、若手で新進気鋭の論客と呼ばれる人たちの安全保障の議論をみると、あの理不尽で、重苦しく、貧困にあえいだ戦争を知っている世代と比べて、どうもコンピュータ・ゲームをやっているかのような感覚で語っている、というように聞こえる。

民主党だけではない。自民党のある事務方は、「選挙をやるたびに政治家の質が低くなる」と嘆く。自民党も、一人しか選ばれないという小選挙区制によって現職が圧倒的に強くなり、政治家の世代交代が進まない、二世三世議員ばかりになった。

それでも国会はまだよい。良いことも悪いこともとりあえず報道され国民の批判に晒されるからだ。しかし、地方議会を見ると質の低下は覆うべくもない。地方公共団体の長は住民に直接選挙される大統領制であり、地方議会は執行部と相対的に独立して権力と対峙するという構造となっている。また住民にも、条例の制定・改廃の直接請求や首長・議員の解職請求が認められているなど、国よりもはるかに民主主義が保障されている。近年の地方分権改革は大幅に「自治事務」を増やし、自治体も「地方の政府」としてかなり自由に政策を実行できるようになった。しかし地方議会の議員はほとんどが地元のボス的な人物か、各種団体の利益を守る代表者となっている。彼らの考えている「政治」とは、今でも、国にあらゆる圧力をかけてお金（補助金）を取ってくること、それに尽きているようである。

国民は、戦後六〇年間、国会および四七都道府県、三〇〇〇余の自治体で、議会自らが先頭に立って公共事業を誘致した話は山ほど見てきたが、逆に、中止した例はほとんど聞いたことがない。

議会とは

議会は三権の中でも特別な位置にある。三権分立は立法、司法、行政がそれぞれチェック・アンド・バランス(8)を行うことによって権力の乱用を防ぐものとされ、近代憲法の原則として各国憲法に取り入れられてきた。特に日本国憲法はこの三権分立について「国会は、国権の最高機関であって、国の唯一の立法機関である」（四一条）として、はっきりとしたひとつの立場を表明していることを強調しておこう。すなわちこの三権分立は、それぞれの権力が対等な立場においていわば「水平的に」チェック・アンド・バランスするというのではなく、国会を頂点とし、行政と司法は国会の「下」になるという「立体的」な構成をとるということを鮮明にしているのである。国会は選挙を通じて主権者である国民の信託を受けているのに対し、行政は国家公務員試験、司法は司法試験という試験に合格したという基盤しか持っていない。したがって、権力の正統性という観点から序列がつけられるべきだというのがその理由である。議会は行政と司法に優位する。議会は立法権を駆使して、行政や司法に方向づけを与えなければならないし、それを期待し保障するというのが憲法だ。しかしいまや国会・地方議会を問わず、議会への国民の信頼は極めて低い。国民が議員に対して負担している費用と、議員が生産している政治を比較すると、いかにもその費用対効果があわない。おそらくあらゆる分野で最も費用対効果が低いのが議会ではないのか。

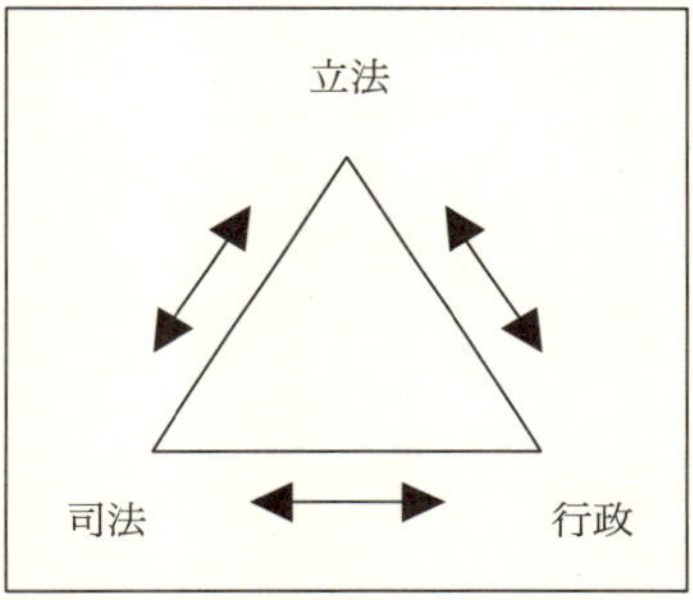

図4　三権分立制のイメージ

国会は「最高」で「唯一」か

なぜ効果が上がらないのか。それは議員一人ひとりの資質や選挙制度、その他議員を取り巻く日本独特の政治風土があげられる。しかしより本質的・構造的な論点として、憲法にいう「最高」と「唯一」の双方を検討しなければならない。まず「国権の最高機関」からみていこう。

日本では、現憲法の下でも一貫して行政府が立法府より優位に立っている。それは議院内閣制という制度と関係している。議院内閣制では内閣総理大臣は議会の多数派から選ばれ、内閣総理大臣はまず行政権の長として行政を、次いで議会内多数派として議会を、すなわち二権を掌握（なお内閣による最高裁判所裁判官の任免を通じて司法も）している。一般的なイメージでは小泉総理大臣とブッシュアメリカ大統領を比べて、ブッシュ大統領のほうがはるかに「権力者」のように見えるが、制度論的には、先にもみたように、政策の基本方針を立てるだけでそれを具体化する立法や予算にタッチすることができないアメリカの大統領と比べて、日本の総理大臣はその双方の権限を持っているという意味で、はるかに強大な権限をもっているのである。(9)

「最高」という形容は、内閣総理大臣を生み出すという意味で正当だが、その実態をみると、「事前審査」という形で内閣の決定の前に法案や予算に圧力をかけられる（これまでの自民党のシステムでは、事務次官会議と同じように、閣議といえどもこの事前審査を通らなければ予算や法案を決定できない）与党、すなわち自民党と公明党を除き、野党はすべて国会が総理大臣を指名した途端に一方的に支配されてしまう。その主張がどんなに理があり、国民の要望に沿ったものであっても、数の上では必ず否決される。民主主義のルールの中に「少数意見の尊重」というのがあるが、実際

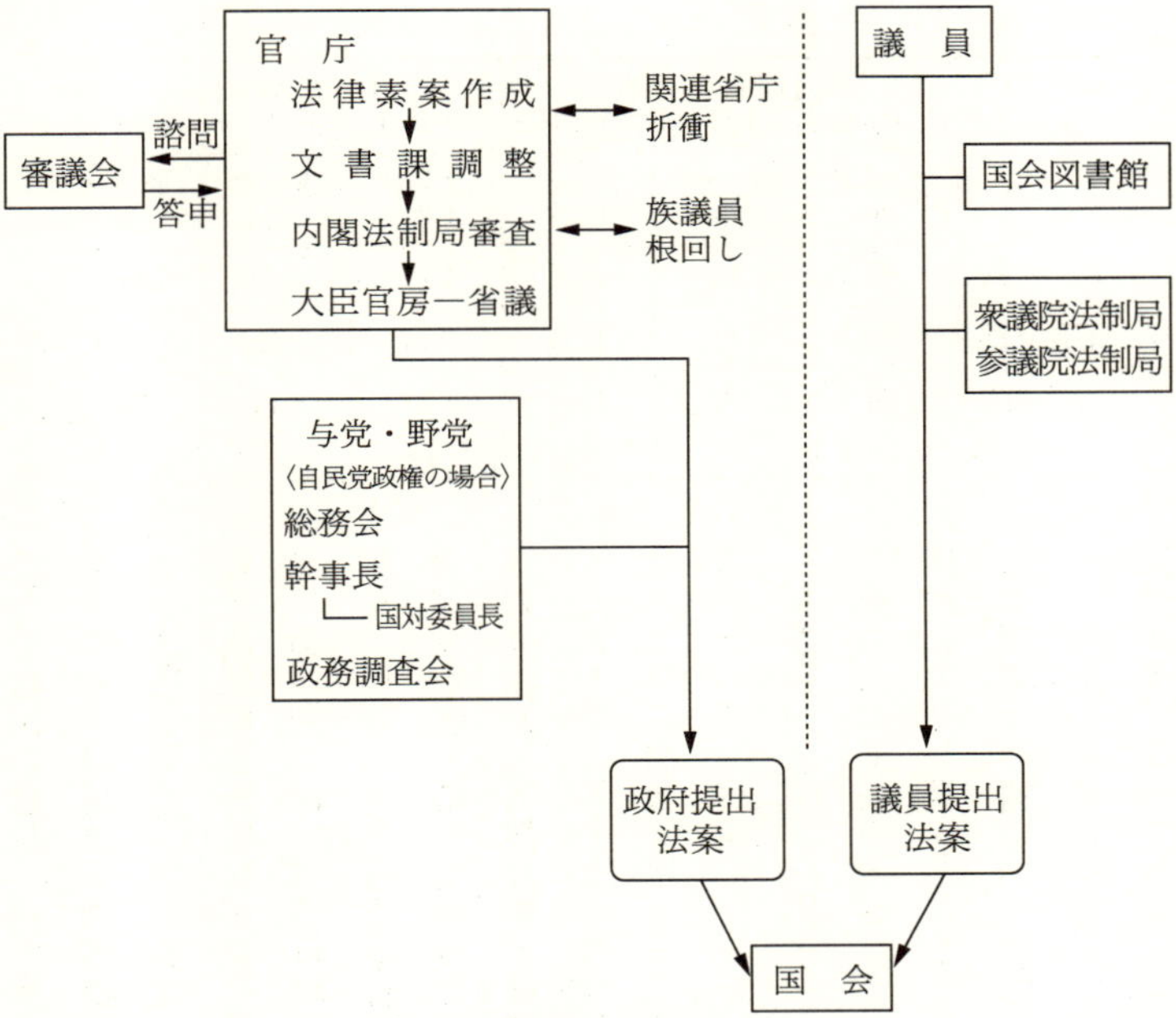

図5　日本の立法過程

は少数意見は完全に無視される。「最高」すなわち実質的な正当性とその実態は大きく乖離しているのである。

「唯一の立法機関」という文言も、同じように死文化している。憲法は、立法は国会が独占すると規定している。これも一般的に言えば、立法するとは、法案を作りしかも議決するということであろう。しかし日本ではこの立案と議決は分断されている。そこでまずこのだれが法律案を作るのかという点に目を向けると、その問題が浮かび上がる。

国会に法律案を提出するには、大きくわけて二つのルートがある。

表4　閣法と議員立法の比較

	第155臨時国会 02年10月18日〜12月13日			第156通常国会 03年1月20日〜7月28日		
	法案数（件）	成立数（件）	成立率（％）	法案数（件）	成立数（件）	成立率（％）
閣法	88	78	88.6	126	122	96.8
議員立法	80	9	11.3	114	16	14.0
衆法	65	9	13.8	92	14	15.2
参法	15	0	0	22	2	9.1

ひとつは国会議員が自ら作り提出する法案で、議員立法と呼ばれる。もうひとつは閣法（内閣提出法案）と呼ばれるもので、内閣が提出する法案である。二つを比べてみると、閣法は、官僚が作り閣議を経て内閣総理大臣が国会に提出する、すなわち多数派が提案するので、論理的にはすべて可決される。これに対して議員立法は、与党議員が作るものと野党議員が作るものでは結論が異なる。与党の場合は多数派であるということで可決される可能性があるが、野党の議員立法は、当然ながらほぼすべて否決される(10)。

これを数でみると、まず法案のほとんどが閣法であり、議員立法は近年は提出数が増えるようにはなったものの、提出法案全体の成立率というレベルで見ると、ほぼ一〇〇対一〇というような状況だ。

官僚は国会議員に比べ、圧倒的な情報とスタッフを持ち、その立法能力には雲泥の差がある。官僚はその力をバックに自らに益する法案を次々と書き上げる。もう少し細かくいうと、最近、基本的なことは条文に書くが、実際の運用は「政令」（閣議で決定すればよく、国会の議決は不要）にゆだねる、すなわち官僚に任せるという法律が多くなってきている。官僚はこうして「法治行政」（官僚も明治憲法時代のように天皇大権の名の下で議会を通さず勅令で定めるというわけにはいかず、建前としては法律に基づくとされている）を手にいれその権限を肥大化させてきた。

国会は最高でも唯一の機関でもない。憲法学者はこうした状況を「政治的美称説」として説明する。「国権の最高機関」という文言の意味は、実態を持たない「美称」、つまり褒めことばに過ぎないというのだ。憲法の条文を無視するような学説が幅を利かせるのは、残念ながらこの国会の実態を反映しているのである。

二つの心を持つ有権者

地方議会はもっと深刻な機能不全に陥っている。戦後、基地や原発、そして公共事業、さらに産廃処分場などは一貫してその必要性や有用性、あるいは建設場所などが政治の争点となってきた。論点は、それらの必要性や有用性が確認されたとしても、それは国全体の必要性や有用性であり、当該施設が設置される地域の人々から見ると、それらは利便性をもたらすどころか迷惑施設となっているということだ。自分の地域だけが全国の国民のためなぜ犠牲にならなければならないのかという、地域住民のもっともな声がある。しかし、国も自治体もこの住民の疑問について真剣に意見を聞くということはなかった。少なくともこれまで住民の意見を聞いて計画や事業を止めたという例はほとんどない。議会は住民の反対請願を可決して、計画にブレーキをかける（国の事業の場合は直接中止させることはできないが、政治的プレッシャーをかけることはできる）ようなことはせ

吉野川可動堰の住民投票を求める市民グループ（上）と，住民投票の結果，可動堰建設推進を撤回した徳島市議会（下）（読売新聞社提供）

ず、反対に基地や原発の交付金に代表されるように、さまざまな理由をつけて地域に金をバラ撒き、反対運動を押し込めてきた。議会はその見返り（利権）をめぐって行政よりもはるかに熱心な推進者になってきたのである。

表 5　住民投票のあゆみ（1995～2001 年に住民投票が実施されたもの）

議決日	自治体	テーマ	形式	実施日
95.10.03	巻町（新潟県）	原発建設に関する住民投票条例の制定	直→○	96.08.04
96.06.21	沖縄県	米軍基地の整理縮小	直→○	96.09.08
97.01.14	御嵩町（岐阜県）	産業廃棄物処理施設の設置	直→○	97.06.22
97.04.30	小林市（宮崎県）	産業廃棄物処理施設の設置	直→○	97.11.16
97.10.02	名護市（沖縄県）	米軍のヘリ基地建設	直→○	97.12.21
98.01.14	吉永町（岡山県）	産業廃棄物処理施設の設置	直→○	98.02.08
98.04.13	白石市（宮城県）	産業廃棄物処理施設の設置	首→○	98.06.14
98.08.07	海上町（千葉県）	産業廃棄物処理施設の設置	首→○	99.07.04
98.12.14	小長井町(長崎県)	採石場の新設・拡張	首→○	99.07.04
99.06.21	徳島市（徳島県）	吉野川可動堰	議→○	00.01.23
01.04.18	刈羽村（新潟県）	刈場原発プルサーマル計画の導入	直→○	01.05.27
01.05.10	上尾市（埼玉県）	さいたま市との合併の可否	直→○	01.07.29
01.09.21	海山町（三重県）	原発誘致	首→○	01.11.18

直＝直接請求　首＝首長提案　議＝議員提案　○＝可決または修正可決
出所：「住民投票立法フォーラム」の調査による.

議会は先に見たように、選挙という方法を通して主権者の声を代表している。しかし国民から見て選挙は「すべて」を議員に委ねるということではない。にもかかわらず、議会はすべてについて信託を受けたと開き直って主権者の意見を葬ってきた。最近の住民投票の結果はこの議会の驕りに対する住民の反乱であり、吉野川可動堰に見られるように、住民投票が行われた自治体では、およそ住民は議会の意思とは反対に計画や事業に対して「ノー」という答えを出している。

自分のことは自分で決める。これはもっとも素直な自己決定のあり方であり、民主主義の本来の姿といえる。住民投票で「ノー」という答えが出たら議会もこれに従うというのが筋だろう。しかし吉野川の住民投票では、投票者の九〇％が可動堰に反対しても計画は止まらなかった。当時の建設大臣はこの住民投票の結果を「民主主義の誤作動」とし、知事も議会も、投票結果には法的効果はない、と開き直ったのである。

これだけではない。長野県では、知事の「脱ダム宣言」に端を発して、中止を言う知事と推進を言う議会が対立し、知事の不信任決議が可決されて知事選挙となった。そして知事選挙では中止を言う知事が、その後の議会選挙では推進を言う議員が勝利するという複雑な事態が進行した。このような二つの心を持つ有権者の前で、選挙で代表を選び、物事を決定するというごく当たり前の近代政治システムが、機能不全に陥ってしまったのである。

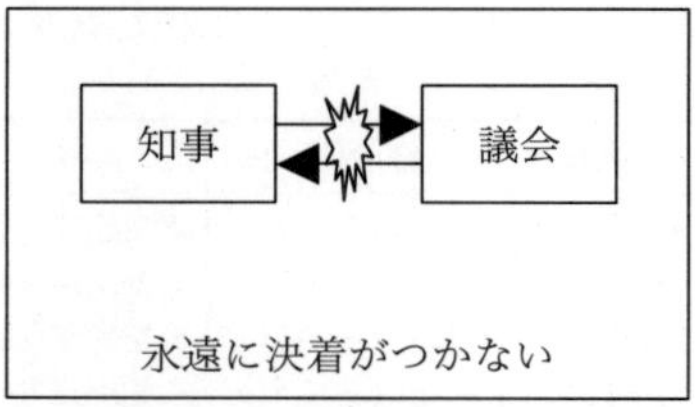

図6　知事と議会の対立

間接民主主義の限界

国や地方の政策を最終的に決定するのは国民であるという考え方を国民主権と呼び、日本国憲法でも最高位の原則となっている。それを実現するために、主権者が選挙で政治家を選ぶ。これを間接民主主義という。

間接民主主義の場合、主権者たる国民は代表者を通じて意見を表明することになるが、その代表者が個々の国民の意見を忠実に反映することは難しい。また、間接民主主義では、何年かに一回の選挙の機会にしか国民はその意思を表明することができない。政府の任期中に選挙時には想定していなかった新たな政策課題が浮上することはしばしば起こり得るが、そうした場合、間接民主主義ではタイムリーに民意を問うことができない。

昨今のマニフェスト・ブームは、こうした間接民主主義の機能低下への対応策である。「主要争点」について、主権者の意思をマニフェストで拘束して解決しようとするものだ。しかし、小さな政府を唱えていたニクソンが、米大統領になったとたんに戦後最も大きな政府をつくってしまったように、マニフェストが実行されない例は各国で無数にある。これにはフランスのように官僚機構が強いとか、アメリカのように議会と大統領の対立があるなど、国によって様々な原因がある。これでは、有権者に対する選択の提示とある程度の拘束という点では有効でも、国民が国民主権を実感する決定打とはなり得ない。

また、間接民主主義を支える理論では、議会の意思は、主権者である国民の直接的な意思表示よりも優位するとされてきた。それには二つの理由がある。一つは意思決定するには討論が欠かせないが、大きな自治体、あるいは国といった単位では市民が集まって討議することは不可能であり、そのために「議場」という限定された空間で議員という少数者が代行しなければならないということ、もう一つは、選ばれた人は多数の同意を得たという意味で、選んだ人より優れている、したがって相対的に良い結論が得られるというのである。

この議論はジョン・ロック以来三〇〇年を超える長い期間、相当の説得力を持ってきた。しかし、まずラジオ、テレビ、インターネットなど現代通信技術の発達は、議場という空間がなくても、また、どんなに多人数でも議論し討議することを可能にした。また選ぶ者と選ばれる者の関係も、かつてとは大いに異なってきた。早い話、市民の能力は必ずしも議員に劣るわけではない。かつては高額所得者が議員になっていた。所得はある程度学歴と比例する。しかし昨今ではほとんどの人が大学に進学するようになり、議員をはるかに超える知識を持つようになっている。議会優位の思想はそろそろ終わりに近づいたのかもしれない。

そこで、間接民主主義に頼らない方法として、住民投票などで国民が直接にその意思決定を行う制度に光が当たり始めているのである。これを直接民主主義という。

直接民主主義の設計

直接民主主義の制度は、レファレンダム（国民投票、住民投票）とイニシアティブ（国民発案、住民発案）の二つに大別される。[11] イニシアティブは先に憲法改正案の発案のところでみたので、ここではレファレンダムをみてみよう。

レファレンダムとは、法律案の可否や個別事業の推進の是非などを、有権者の投票で決定することをいう。日本語では、国レベルの「国民投票」と、地方レベルの「住民投票」の双方を指す。レファレンダムには様々な種類があり、次の三点をみておくことが重要だ。

①実施が義務づけられているか

日本国憲法は、憲法改正の際に国民投票を義務づけている。しかし例えばイタリアの場合は、憲法改正の国民投票は一定数の議員等の要求があった場合にのみ実施される（ただし、議会が憲法改正案を三分の二以上の多数で可決した場合は、国民投票の要求はできない）。

②誰が提案できるのか

実施が義務づけられていない場合、誰が提案できるのか。イタリアの憲法改正国民投票の例で言えば、各議院の五分の一の議員、五〇万人の選挙権者、または五つの州議会に国民投票の要求の権限が与えられている。また、フランスでは、政府または議会の提案に基づき、大統領が一定の法律案を国民投票にかけることができる。

③投票結果の法的拘束力

法的拘束力とは、投票結果を政策に反映することが義務づけられることをいう。右のイタリア、フランスの例では、ともに結果は法的拘束力を有することになっている。一方、スウェーデンでは、憲法に相当する「統治法典」と四つの「基本法」（国会法、王位継承法、出版の自由に関する法律および表現の自由に関する法律）の改正以外の国民投票は諮問的国民投票として法的拘束力を持たず、実際、国民投票の結果に反する政策を実施した事例がある。

ドイツのハンブルグ州では、州憲法で住民投票権を定めているし、アメリカでは、住民投票制度のない州を探すほうが困難だ。しかし、日本ではいまだにこの直接民主主義は国レベルでは実現されていない。

先の吉野川の例をこの三つのポイントに当てはめてみよう。①については、公共事業の是非を問

表 6　吉野川第十堰可動化をめぐる動き（徳島新聞より）

1982 年 3 月	建設省の吉野川工事実施基本計画に，既設の固定堰改築の必要性を初めて明記
1988 年 4 月	建設省が実施計画調査に着手
1992 年 3 月	建設省が新堰は道路橋との合併構造で河口から 13 キロ地点に建設すると決定
1995 年 10 月	吉野川第十堰建設事業審議委員会が初会合
1996 年 8 月	建設省徳島工事事務所が洪水現象を再現する模型実験を実施
1997 年 1 月	知事が「可動堰がベスト」と表明
1998 年 7 月	第十堰審議委が「可動堰建設が妥当」と結論
11 月	市民団体が徳島市と藍住町で住民投票を求める署名集めを開始
1999 年 1 月	住民投票の有効署名数が徳島市で 10 万 1535 人，藍住町で 9663 人と確定
2 月	徳島市，藍住町の両議会が住民投票条例案を否決
5 月	建設省が可動堰案として，引き上げ式に加えて起伏式，ゴム式を提案
	建設省徳島工事事務所が環境アセスメントの手続き先送りを表明
6 月	徳島市議会で住民投票条例案を可決
9 月	「第十堰・署名の会」が可動堰化を求める署名集めを開始
12 月	「第十堰・署名の会」の有効署名数が推計 31 万 6003 人に
	全国初の公共事業をめぐる徳島市住民投票の 2000 年 1 月実施が確定
2000 年 1 月	住民投票を実施．投票率 55.00％ で成立、計画に反対が 91.6％ を占めた
2 月	合意形成に向けた対話のルールづくりを話し合う「明日の吉野川と市民参加のあり方を考える懇談会（吉野川懇談会）」が初会合
7 月	自民党が「公共事業抜本見直し検討会」を設置
8 月	見直し検討会のメンバーや与党 3 党の政策責任者が相次いで第十堰を視察
	与党 3 党の政策責任者が現在の可動堰化計画を白紙に戻し，新たな計画を策定するよう政府に勧告

う住民投票は、日本では義務づけられていない。そこで、②のように住民投票の提案を行わなければならないが、これが困難を極めた。住民投票を行うためには住民投票条例の制定が必要になる。議会や首長からはこの条例の提案がなされなかったため、住民が条例制定を求める署名を集めなければならなかった。地方自治法では、住民の条例制定請求には有権者の五〇分の一以上の署名が必要とされている（七四条一項）。ただし、署名を集めてもそれは請求にすぎず、議会で否決されることもある。

住民投票条例の制定は、事業に対する賛成派と反対派が鋭く対立する最初の主戦場だ。事業反対派は住民投票で事業を止めさせようとし、賛成派は住民投票自体を阻止することで事業の継続を目論む。吉野川のような河川事業になると、流域の自治体は複数になるので、それぞれの地域で住民投票条例の制定をめぐって激しく火花が散らされる。吉野川では市民団体が徳島市と藍住町で条例制定の署名運動を行ったが、両市町とも議会では条例案が否決された。その後、徳島市では反対派はもう一度原点に返り、徳島市議会に議員を送り込む作業から開始し、住民投票条例を可決させた。しかしこの条例には、投票率が五〇％に満たないと住民投票が無効となる「五〇％条項」というのが設けられた。

これを受けて、賛成派は活発な運動を繰り広げた。五〇％条項による住民投票の無効を狙って投票ボイコットを呼びかけたほか、新たに可動堰建設を求める署名運動を展開し、吉野川流域の三二市町村で三〇万人を超える署名を集めた。これは、徳島市内では賛成派が負けるという見込みのもとで、このような数字をぶつけることで巻き返しを図ろうとしたものだ。

その後行われた徳島市の住民投票は、投票率五五%で成立。そして九一・六%という圧倒的多数で反対派の勝利という結果になった。この結果に「法的拘束力」が認められれば、事業は中止になる筈であった。しかし、日本では、住民投票には「政治的効果」しか認められないため、事業は「白紙撤回」、すなわち中止も続行もあり得るとされた。徳島市の住民投票から五年を経過した現在でも、事業の是非をめぐって様々な議論や調査が繰り返され、終わりなき戦いが続いている。住民投票が話題となった日本の他の地域も、おおむね似たような状況となっている。

①~③のポイントに照らして見ると、日本の自治体ではレファレンダムの実施にこぎつけるまでが困難で、仮に実施できたとしても、法的拘束力を持たないためにその後も対立が解消されないなど、非常に弱々しい制度になっていることがわかる。

日本国憲法における直接民主主義の位置づけ

なぜ日本ではレファレンダムはこのように弱々しいのか。現憲法では、一つの地方公共団体に適用される特別法の住民投票(12)(九五条)と憲法改正時の国民投票(九六条)が制度化されている。では、憲法に明文の規定のない事項についてレファレンダムを実施することは可能だろうか。これが日本の最大論点であり、憲法四一条の「唯一の立法機関」の規定が問題となる。

この規定によると、国会は国の唯一の立法機関であり、法律の可否について他の決定に拘束されてはならないことになっている。レファレンダムに法的拘束力を持たせると、この部分に抵触し、憲法違反になるというのが、学説のほぼ一致した見解となっている。国会の決定は国民の意思表示よりも上位におかれているのである。

地方自治体のレベルでは、憲法は九五条の地方特別法の制定に関する住民投票を、地方自治法は国と異なって条例制定・改廃に関する直接請求とリコールの制度を定めている。この意味では自治体は国よりもはるかに直接民主主義を前進させていると言ってよいだろう。しかし、それでもその本質は国と同じく憲法四一条の規定を受けた「間接民主主義」であり、これらの規定は例外的と解されている。

これ以外の住民投票については、最近多くの自治体が吉野川の住民投票などを参考に、諮問的な性格を有する独自の住民投票条例を制定するようになった。しかし、先の吉野川の例で見たように、実施まで険しい道のりが待ち構えている上、実施後もこの諮問的性格、すなわち法的拘束力を持たないという位置づけのため、なお決着がつかないなどの問題を抱えている。

直接民主主義の効果

民主主義の原則は、「自分たちのことは自分たちで決める」ということであり、究極的には直接民主主義を要求する。国民投票は、人々の政治参加を促し、政策課題に対する知識を深める機会になる。

しかし、もちろん批判もある。最も多いのが国民の政策判断能力に対する疑念だ。一般の国民は、議員に比較して専門的知識等の点で劣っており、合理的な判断を期待できない。直接民主主義では口当たりのよい政策のみが承認され、真に必要とされている政策を実現することが困難となる、あるいはデマゴーグによる扇動に惑わされるといったものである。

また、政治参加を促すという点については、投票率の問題から疑問を呈する意見がある。すなわち、国民投票の投票率は総選挙に比して低いことが指摘されており、現に、スイスやイタリアなど国民投票が数多く行われる国では投票率の低さが目立っているという。

このほか、国民投票では多数決によって物事が決定されるため、少数派の意見が無視される傾向にあるという批判もある。特に民族的少数派など恒常的な少数派の利益は、国民投票による「多数派の専制」の脅威にさらされるのではないかという懸念がしばしば指摘される。

実際、アメリカ合衆国における州民投票では、少数派の権利を侵害するような要求が承認されたことがある。例えば、不動産業者や家主による人種差別を禁じた法律の廃止を求めた一九六四年のカリフォルニア州の州民投票、不法移民への社会サービスの提供の制限を求めた一九九四年のカリフォルニア州の州民投票、同性愛者に対する差別的措置を求めた一九九二年のコロラド州の州民投票などである。

こうした批判に対しては、次のように見るべきであろう。

まず国民の政策能力、あるいは判断力であるが、少なくとも官僚の判断力よりも市民の判断力のほうが劣っているという証拠は存在しない。多くの場合、その逆である。次に投票率の問題についていうと、日本では住民投票は高い投票率を誇っている。そして少数者の権利侵害については、アメリカの例が参考になる。アメリカでは、①少数派の権利を侵害するような住民投票は、全体数から見ればそれほど多くない。特に、先ほどみたような州民投票を除けばその割合はかなり低い。②そうした州民投票の場合であっても、司法審査によって事後的に是正される。③議会においても少数派を差別的に取り扱うような立法は行われ得るので、これは直接民主主義固有の問題ではない。

町役場の隣の八幡様の境内．ここで町民集会をしてはどうか．

議会の再設計

こうして直接民主主義の優位は理論的に証明される。最後に、少し角度をかえてここまでの主張、すなわち間接民主主義を基本に、これに直接民主主義を補強するという論旨ではなく、議会それ自体の再設計について検討してみたい。議会のあり方は、行政や司法のあり方とも連動している。

例えば、現在の議院内閣制を大統領制に変えれば、大統領は立法権を持たないから、議会はそれこそ名実ともに「唯一の立法機関」となり、現在とは本質的に異なったものになるであろう。

また現在のようにほとんど違憲審査をしない裁判所とは別に、憲法問題だけを扱う憲法裁判所を設置したら、議会も鋭い緊張関係を持つようになるだろう。

国民投票が活発になれば、これも議会に対して決定的な衝撃をもたらす。議会の決定が国民投票によって否定されるとしたら、議会はこれを上回る勉強をしなければならないからだ。しかし、日本では「議会」を所与の、しかも普遍的な近代政治の道具と考えてきたため、衆議院と参議院という二院制の当否が論じられることはあっても、このような本質的な制度変革を前提にした議会論はほとんど行われていない。

地方議会もあらたな制度設計を行えば議会論に大きな転換を促す。現在、日本では一千万人を超える人口を持つ東京都の議会と、一万人以下の人口しかない町や村の議会とが同じ大統領型システムのもとで同じように運営されている。しかし、地方政府のあり方は、こうした画一的な大統領型のみではなく、議院内閣制、あるいはプロフェッショナルに行政を任せるシティ・マネージャー制、さらには全住民の参加する総会制（この場合議会はなくなる）など様々な形態が考えられ、それこそ置かれている条件により、あるいは住民の意思によって選択できるようにすべきではないか。

人口二万人規模の町で、歳費を含めて議会の維持にかかる費用は年間約一億円だという。そして現在は多くの市町村が同じように財政危機状態にあって、義務的経費が九〇％を超える、言い換えれば首長や議会が裁量で決められる予算は全体で一〇％以下というところがほとんどだ。そうなると議会が議論する余地はほとんどなくなってくる。また議会を開いてもその活動は低調で、地域の顔役的なボスが町長とつるんでいるようなことも多い。そこで議会を廃止して、重要な問題は役所の隣にある八幡様で皆が集まって決める町民集会を開催して決定したらどうだろう。

議会を存続させるとしても、議員の歳費は何も今のような月給ではなく、日当であってもよく、議会も昼ではなく夜に開いてもよい。

問題は、自分たちのことを自分たちで決めるために、何が効率的でより納得のできる方法なのかを考え、それをいかにデザインするかということである。そのためには既存の議会のあり方にとらわれず、直接民主主義を大胆に取り入れ、議会もその能力に応じた新しい位置づけを与えるべきであるというのが、私たちの主張だ。

各種憲法改正案には「道州制」や「補完性の原則」などの採用の提言はあっても、このように直接民主主義の観点から、議会を、ひいては自治体を深く掘り下げた論は見あたらないのである。

三　司　法

戦後最大の危機

裁判所は大きく分けて二つの権能を持っている。ひとつは事件を終局的に解決すること[13]、もうひとつは、法令等とその運用が憲法に適合するか否かを審査することである。戦前の裁判は天皇の名において行われたが[14]、戦後はこの二つの権能を実現するために天皇を含めあらゆる権力からの独立

表7　平成14年における各裁判所の新受事件数

	民事訴訟事件	刑事訴訟事件	家事事件	少年保護事件
最高裁判所	4,691	2,440		
高等裁判所	18,095	8,326		
地方裁判所	164,217	107,029		
簡易裁判所	331,141	17,631		
家庭裁判所			619,073	281,638
計	518,144	135,426	619,073	281,638

＊民事訴訟事件（行政事件を含む）は，各裁判所の第一審，控訴，上告（上告受理，特別上告を含む），再審の件数．
＊刑事訴訟事件は各裁判所の第一審（略式、即決を除く），控訴，上告（再上告，非常上告を含む），再審の人数．
＊家事事件は家事審判事件と家事調停事件の合計件数である．
＊少年保護事件には準少年保護事件を含まない．単位は人数．
＊なお民事の中に「仮処分」などを含めると3,298,354，刑事に略式裁判を含めると1,654,770になる．
（財団法人判例調査会『裁判所データブック2003』より作成）

が保障された。[15] しかし、それらはうまく機能していない。むしろ戦後最大の危機を迎えつつある。
そこでまず、事件処理機能から、またこれを「裁判を受ける権利」（憲法三二条「何人も、裁判所において裁判を受ける権利を奪われない」）を持つ国民に対する司法サービスという視点から見ていくことにしよう。
「裁判を受ける権利」は、行政権力による弾圧に対して歯止めをかけるべく、他の独立した機関でその当否を判断するという、近代の三権分立制を支える、重要な基本的人権である。

明日はわが身

日本では、基本的には地方裁判所、高等裁判所及び最高裁判所という三審制（軍事法廷などの特別裁判所はみとめられない、また行政機関が終審として裁判を行うこともみとめられない）がとら

表 8　刑事手続および司法権に関する憲法の規定

憲法の規定	内容
31 条	法定手続の保障
32 条	裁判を受ける権利
33 条	逮捕に対する保障
34 条	抑留・拘禁に対する保障
35 条	住居侵入・捜索・押収に対する保障
36 条	拷問及び残虐な刑罰の禁止
37 条	刑事被告人の諸権利
38 条	不利益な供述の強要禁止，自白の証拠能力
39 条	刑罰法規の不遡及，二重処罰の禁止
40 条	刑事補償
76 条	司法権，裁判所，特別裁判所の禁止，裁判官の独立
77 条	裁判所の規則制定権
78 条	裁判官の身分保障
79 条	最高裁判所の構成等
80 条	下級裁判所の裁判官の任期等
81 条	法令等の合憲性審査権
82 条	裁判の公開

れている。そしてこの他に、少額事件を審理する簡易裁判所と少年事件や家庭事件を審理する家庭裁判所がある。

「裁判沙汰」という言葉に象徴されるように、従来、日本では裁判をするのはかなり特異なことであり、一般国民には無縁で、またそのほうが幸せであると思われてきた。しかし地裁と簡裁あわせて、二〇〇二年には、民事訴訟だけで約五二万件（仮処分[16]などを入れると約三三〇万件）、刑事訴訟が約一三万件（略式裁判を入れると約一六五万件）起こされ、さらにそのほかに家事約六二万件、少年約二八万件という事件が起きている。

これらは決して少ない数ではない。誰もが明日はわが身として裁判を考えなければならない時代になってきていることを物語る数字だ。日本は良い意味でも、悪い意味でも「法治国家」なのである。

それでは、司法は憲法上どうなっているか。表8は、刑事手続における基本的人権の保障及び司法制度について、憲法上の規定を列記したものであるが、これは格段に多い。あらためてみてみると、憲法は実に手厚く、司法に対応しているということがわかるだろう。それでは現実はどうか。行政権には省庁と役人が、立法権には国会と議員が必要なように、司法権にも裁判所と法曹が存在する。

これらの事件は約三〇〇〇人の裁判官（簡裁判事を含む）、約二万人の弁護士、そして約二三〇〇人の検察官（副検事を含む）のいわゆる法曹と呼ばれる人たちによって処理されている。もちろん、税理士、公認会計士、司法書士、行政書士、社会保険労務士、不動産鑑定士、土地家屋調査士、測量士、弁理士などの隣接法律専門職の人々も法的解決の一翼を担っているし、これ以外にも、たとえば法律を作る議員（国会議員及び地方議員）や、これを執行している官僚（国及び自治体）、あるいは企業で法務を担当している人なども入れると、およそ何十万という人々がプロとして日本という法治国家を支えているといってよいだろう。

それでも縁遠い裁判

ところがこの裁判に対して、国民からは、①長い時間と多額の費用がかかる、②法廷の言葉やルールがわかりにくい、③常識とかけ離れた判決がある、④無実なのに有罪とされる冤罪事件が後を

表 9　民事訴訟数と弁護士数

	民事訴訟数(人口 1,000 人当り)	弁護士数(人口100 万人当り)		民事訴訟数(人口 1,000 人当り)	弁護士数(人口100 万人当り)
北海道	4.58	70.9	滋賀県	2.08	35.7
青森県	2.72	27.8	京都府	4.33	127.4
岩手県	2.41	31.8	大阪府	5.19	298.5
宮城県	3.16	92.2	兵庫県	2.64	76.0
秋田県	2.34	41.2	奈良県	1.95	56.1
山形県	1.79	41.8	和歌山県	2.63	64.5
福島県	2.84	40.4	鳥取県	2.64	40.8
茨城県	2.13	32.2	島根県	2.01	27.6
栃木県	1.77	47.4	岡山県	4.07	88.7
群馬県	2.33	61.7	広島県	4.30	93.8
埼玉県	2.12	44.4	山口県	3.89	49.7
千葉県	2.50	48.4	徳島県	2.29	61.9
東京都	7.19	741.7	香川県	4.06	83.1
神奈川県	2.23	86.9	愛媛県	4.16	59.6
新潟県	1.87	51.3	高知県	2.43	65.1
富山県	1.37	43.7	福岡県	6.32	121.6
石川県	3.17	69.4	佐賀県	3.45	43.3
福井県	1.49	50.7	長崎県	4.13	44.2
山梨県	2.00	60.8	熊本県	3.53	60.8
長野県	2.12	51.0	大分県	4.56	56.5
岐阜県	1.76	41.8	宮崎県	5.27	44.4
静岡県	1.77	58.9	鹿児島県	4.52	44.8
愛知県	3.04	122.1	沖縄県	3.03	136.5
三重県	1.67	39.8			

民事訴訟数は，司法統計年報（最高裁判所 2000）による．弁護士数は，弁護士会別登録弁護士数（日弁連 2002）．

絶たない、⑤消費者保護運動や環境保護運動などに厳しい態度をとっているなどといわれ、総じて良い評価はほとんど聞かれないのである。

二割司法という言葉がある。本来法の支配の下で裁判所によって解決されるべき事件が、裁判所ではなく闇から闇に暴力団などによって処理されている、あるいはそこまで行かずとも裁判所の敷居があまりにも高いため、泣き寝入りすることが多い、あらゆる事件のうちこれらが八割を占めるという事態を指したものだ。また、弁護士過疎という言葉もある。これは地方裁判所支部の管轄地域内の弁護士がゼロもしくは一人という状態を指したもので、このような地域に住んでいる人は、そもそも裁判をしたいと思っても遠いところの弁護士を頼まなければならず、物理的に裁判を受ける権利が剥奪されている。

裁判に対するこのような批判的な評価は、まず第一に、先ほど見たような膨大な事件を少数の法曹が処理しているという構造矛盾から発生している。裁判官は常時平均二〇〇件から三〇〇件の事件を抱え、弁護士も検察官も毎日毎日仕事に追いまくられている。法的サービスは大都市に集中し、地方は切り捨てられる。これらの問題は相当前から指摘されてきた。マスコミも時々報道するし、弁護士会なども少しずつ改革を進めてきた。しかし、改革は弁護士会あるいはせいぜい裁判所・検察庁という法曹三者内部だけのものであり、広く市民に共有される状況とはほど遠く、したがって改革の歩みも遅々たるものであった。

法曹へのパンチ——司法改革

ところが一九九〇年代の後半以降、経済界が口火を切って、司法制度改革が提起されるようになる。

これを具体化するために設置されたのが司法制度改革審議会であり、同審議会は二〇〇〇年一一月に中間報告、二〇〇一年六月に意見書[17]を発表した。意見書は司法制度改革の三つの柱として、

(1)　国民の期待に応える司法制度の構築（制度的基盤の整備）

(2)　司法制度を支える法曹の在り方（人的基盤の拡充）

(3)　国民的基盤の確立（国民の司法参加）

の三点をあげている。この目標に向けて、二〇〇三年には、司法制度改革のための裁判所法等の一部を改正する法律や裁判の迅速化に関する法律などが制定され、その後も多くの法律が制定された。二〇〇四年の四月からは

表 10　意見書に盛り込まれた改革

1　民事司法制度の改革
  1.　民事裁判の充実・迅速化
  2.　専門的知見を有する事件への対応強化
  3.　知的財産権関係事件への総合的な対応強化
  4.　労働関係事件への総合的な対応強化
  5.　家庭裁判所・簡易裁判所の機能の充実
  6.　民事執行制度の強化─権利実現の実効性確保─
  7.　裁判所へのアクセスの拡充
  8.　裁判外の紛争解決手段（ADR）の拡充・活性化
  9.　司法の行政に対するチェック機能の強化
2　刑事司法制度の改革
  1.　刑事裁判の充実・迅速化
  2.　被疑者・被告人の公的弁護制度の整備
  3.　公訴提起の在り方
  4.　新たな時代における捜査・公判手続の在り方
  5.　犯罪者の改善更正、被害者等の保護
3　法曹人口の拡大

法曹人口の拡大や司法教育の抜本的転換を図るための「法科大学院」（ロースクール）がスタートした。

こうして、司法サービスの分野における改革は、少しずつ前進するようになった。

あなたが裁く裁判

裁判所が国民から遠いと思われている原因のひとつに、裁判と市民が切り離されているという問題がある。確かに国民は最高裁判所の裁判官を「審査」するという権利を持っているが、この国民審査には、裁判官の情報公開あるいは投票方法などの欠陥があってほとんど機能していない。国民の司法参加をどうするか。かつて陪審員法（一九四三年）によって国民が陪審員として個別事件の審理に関与するということがあった。それ以来、約六〇年ぶりに裁判員法（裁判員の参加する刑事裁判に関する法律）が制定された（二〇〇四年五月二八日に公布され、その日から五年以内に施行される）。

裁判員は、裁判官と並んで裁く側として法廷に立つ。二〇歳以上の有権者から無作為抽出で選ばれる。審理は原則として裁判官三人、裁判員六人の合計九名でなされる。(18) 対象事件は刑事事件のみで、それも死刑または無期懲役・禁錮に当たる犯罪など一定の重大事件に限定されるが、事実認定・法令の適用・量刑を行う。ただし、裁判員やその親族等に危害が及ぶおそれがある事件は裁判官のみの合議にできる。表決については過半数で決するが、裁判官と裁判員の各一人以上の賛成が

表 11　各国の行政関係事件新受件数

	アメリカ (2000 年)		イギリス (2000 年)	ドイツ (1999 年)			フランス (1999 年)	日本 (2000 年)
裁判所の種類	連邦地方裁判所	連邦請求裁判所	高等法院女王座部	行政裁判所	社会裁判所	財政裁判所	地方行政裁判	地方裁判所及び高等裁判所（第一審）
新受件数	36,985 件[1)]	793 件[2)]	4,247 件	190,946 件	251,500 件	70,990 件	120,56 件	2,014 件

1)　但し，合衆国を被告とする事件の数値であり，そのうち 1 万 1880 件は在監者訴訟である．

2)　但し，公務員の給与支払請求等が含まれている．

*　各国の行政訴訟の原告勝訴率（全既済件数中に占める認容判決の場合）は，イギリス 21.0%（2000 年），ドイツ（行政裁判所）10.6%（1999 年），日本 17.4%（2000 年）である（アメリカとフランスについては不明）．

**　上記の数値は，以下の資料に基づく．
アメリカ…Judicial Business of the United States Courts 2000
イギリス…Judicial Statistics Annual Report England and Wales 2000
ドイツ　…Statistisches Bundesamt Rechtspflege Grichte uns Staatsanwaltschaft 1999
フランス…Annuaire Statistique de la Justice 2001

必要とされる。なお、裁判員や元裁判員が評議の経過など職務上の秘密を漏らせば、一年以下の懲役または五〇万円以下の罰金に処せられる。

このように、司法の分野でも改革がなされている。

行政訴訟

裁判所の二つの権能のうちのもうひとつ、法律やその運用が憲法に適合するか否かを審査するという権能にも大きな問題が残っている。この権能は、裁判所の違憲立法審査権と呼ばれる。簡単に言うと、「自衛隊の存在は九条の精神に反するではないのか」、「選挙での一票の格差は認められるのか」「小泉総理大臣の靖国参拝は政教分離に違反するのではないか」といった問題に

表 12　行政訴訟(第一審)事件勝訴率

年度	結局件数	判決件数	勝訴判決	勝訴率 A	勝訴率 B
平成 7	1,243	920	142	15.7%	11.4%
8	1,345	936	142	15.2%	10.6%
9	1.564	1.043	161	15.4%	10.3%
10	1,816	1,312	219	16.7%	12.1%
11	1,919	1,483	298	20.1%	15.5%
12	1,947	1,500	338	22.5%	17.4%

(注)　勝訴判決には，一部勝訴を含む.
勝訴率 A＝勝訴判決数÷判決件数.
勝訴率 B＝勝訴判決数÷終局件数.

ついて、憲法違反をしていないかどうかを裁くのがこの権能だ。これは三権分立にかかわる裁判所の最も大きな権能である。また憲法違反というように大上段に構えなくても、それ以外にも、憲法に照らしながら他の権力機構をチェックするという方法がある。これは「行政訴訟」、すなわち市民からの、国や自治体の権力の行使としての処分や行政指導などに対する訴訟である。裁判所の二つの権能が健全に機能して、はじめて裁判所が三権分立の一翼を担っている、ということが出来るのである。そこでまず、この行政訴訟からみていくことにしよう。

表11は日本と先進諸国の行政関係事件の新受件数を比較したものである。これをみると、それぞれ国の事情を考慮したとしても、日本の行政訴訟件数そのものが異様に低い、ということがわかる。もちろんこれは日本の行政に誤りが少なく、他の国には多い、ということではない。日本でも公共事業、生活保護、エイズ・薬品などの管理体制、税金、BSEや食品添加物、廃棄物などなど、他の国では考えられないような事件をふくめてさまざまなスキャンダルが発生している。この中には当然裁判の場で正されなければならないものがある。にもかかわらず訴訟が少ない理由は、第一には、「お上に対して従順な国民性」ということがあろ

うが、第二には「勝訴率」がある。表12をみると、せっかく裁判しても市民が勝つのは約一割だということがわかる。これではわざわざ手間ひま、あるいは多額な費用をかけてもしようがない、ということになろう。

なぜこうなるのか。これには行政裁判に関する構造的な問題が横たわっている。行政訴訟は行政事件訴訟法に基づいて行われるのであるが、ここに市民にとってきわめて高いハードルがあった。

第一は、当該行政処分によって直接被害を受ける人以外は裁判をすることが出来ない（原告適格・九条）

第二は　行政処分は「裁量権の範囲をこえ又はその濫用があった場合に限り、裁判所は、その処分を取り消すことができる」（三〇条）

第三は、取消訴訟については、処分又は裁決が違法であっても、それを「取り消すことが公共の福祉に適合しないと認めるときは、裁判所は、請求を棄却することができる」（三一条）というのである。これをたとえば無駄な公共事業の典型といわれる「長良川河口堰」に当てはめると、まず訴えることができるのは、漁師など川に直接利害関係を持つ人に限られる。ダムに反対する市民団体などは論外なのである。次に、原告になれたとしても、このダムが違法であることを証拠で立証しなければならない。これには膨大な時間と費用がかかる。しかも仮に相当程度追い詰めたとしても、なお「行政側に裁量権の濫用」があることを論証しなければならない。通常行政は、これらのダムを作るにあたっては河川審議会に諮り、地元自治体の意向を受け、予算審議などという形で、とにもかくにも、形式的には「合法」の形を整えている。「無駄な公共事業」と一口に言うが、行政もそれなりに資料を集め、解析し、従来の技術の蓄積の上に事業決定を行っていて、これに反論して「裁量権の濫用」を立証するのは容易ではない。市民側に立つ専門家を探し、技術的な反論も加えていかなければならないが、この専門家を探すというところからして大難儀だ。日本では、専門家と称されるほとんどの人が政府・御用学者であり、政府の審議会に加わっているからだ。技術的なことには素人である裁判官に彼らの理論武装を打ち破って「明白な濫用」という心証を作らせるのは、ほぼ不可能といってよいだろう。またもうひとつ最後の難関がある。このような訴訟は、専門家の応酬などもあって時間がかかる。決定的なことは、この間、実は工事が止まらない（執行停止という手段もあるが、これはほとんど認められない）ということだ。多くの場合、裁判の途中で工事が完成してしまう。もっと言えば、行政は、裁判を引き伸ばしながら全力投球して工事を完成させる。するとどうなるか。これが第三の論点であり、工事が完成してしまえばこれは取り壊せない。壊すのはふたたび国民の税金を無駄使いすることであり、「公共の福祉に適合しない」として「違法」だがやむをえないとして、請求が棄却される、というのである。国は苫東開発（北海道）に際して水を供給するとして、アイヌの聖地である「二風谷」を取り壊してダムを計画した。しかし、肝心の苫東開発が幻になり、水はいらなくなっている。したがって裁判所はダムも要らない、というところまでは認定したが、すでにダムは完成している、という理由で請求が棄却されたのが典型事例である。

表 13　最高裁判所が行った違憲判決例

第三者所有物没収違憲判決（最大判昭和 37 年 11 月 28 日）
尊属殺重罰規定(平成 7 年改正前刑法)違憲判決(最大判昭和 48 年 4 月 4 日)
薬局適正配置規制違憲判決（最大判昭和 50 年 4 月 30 日）
衆議院議員定数配分不均衡違憲判決（最大判昭和 51 年 4 月 14 日）
同（最大判昭和 60 年 7 月 17 日）
森林法共有林分割制限違憲判決（最大判昭和 62 年 4 月 22 日）
愛媛県玉ぐし料支出違憲判決（最大判平成 9 年 4 月 2 日）
郵便法違憲判決（最大判平成 14 年 9 月 11 日）

通常、行政訴訟というのは、市民側から見れば一銭の利益にもならない、もっと言えば、膨大な時間や費用をはたいて、「市民の側から考える公共性」のために行うものである。これこそ憲法の期待する人間像といってよいだろう。にもかかわらず、彼らはことごとく排斥される。ほとんど理不尽な理由によって。

先に見た司法改革会議でもこの点が問題になり、その後、行政事件訴訟法も第一の「原告適格の幅」を少し広げるなどの改正がなされたが、第二、第三のバリケードを含めて、バリケードはほぼそっくり残されている。したがって、国民は依然として司法に救済を求めることはできない。

このような裁判所の姿勢は「司法消極主義」といわれているが、これは次の違憲立法審査権になるともっと際立ってくる。

違憲立法審査権

違憲立法審査権は、戦後憲法で認められた、裁判所のいわば切り札とでも言うべき権限である。そして表13のように最高裁判所は、これまで八件（法律そのものを違憲としたのは四件）の違憲判決を行って

表 14　最高裁判所裁判官の出身母体別判断結果

出身	非嫡出子の相続格差訴訟(95.7.7)	96 年衆院選の定数訴訟(99.11.10)	98 年参院選の定数訴訟(00.9.6)
裁判官 6 名	○○○○○○	○○○○○○	○○○○○○
検察官 2 名	○○	○○	○○
学識者(学者・行政・外交官)	○○●	○※●	○○●
弁護士 4 名	●●●●	●●●●	●●●●

○合憲，●違憲，※内閣法制局長官を経験した判事は関与せず．

きた。

日本にはこれしか憲法問題がないというわけではないことは、例えば自衛隊と九条の関係一つとっても明らかだ。もし最高裁判所が自衛隊に対して何らかの判断を下していたら、今回の憲法改正論も、あるいは日本の政治そのものもまったく様相を異にしていただろう。しかし最高裁判所はあまりに「政治的」だとしてその判断を回避してきた。最高裁判所は憲法判断をできるだけ回避するようにしている。これが司法消極主義という問題である。この司法消極主義を広く言えば、例えば行政事件において、裁判所は一方的に行政に軍配をあげるだけで市民の救済をなおざりにしているとか、刑事事件で警察官からの逮捕状請求をほとんどチェックもせず容認しているとか、とにかく権力に対してのコントロールが弱いというような、全体的な傾向として理解しておきたい。これでは裁判の重要な機能である国民の基本的人権の保障がいかにも危うくなっているといわざるを得ない。

なぜ日本では司法消極主義になるのだろうか。

(1)　日本では戦後は政権交替がほとんどなく、内閣の任命に係る裁判官も時の政権に迎合的になる。

(2) 戦後、裁判所内に最高裁事務総局を中心とする司法官僚が形成され、彼らが裁判官の人事権を掌握するなどして憲法判断をできるだけ抑えようとしている。

(3) 行政内部で法律の合憲・違憲を判断している内閣法制局長官の天下り先が最高裁判所になっていて、いわば犯人と裁判官が同居しているような状態になっている。

(4) 表14を見てみよう。これは最高裁判所の裁判官の出身母体別に違憲判決へのかかわりを見たものである。これをみると、学者や弁護士出身の裁判官は比較的違憲判断をする傾向があるのに対し、裁判官や検察官出身者は消極的だということがわかる。

日本の「司法消極主義」は構造的なものである。

司法改革は、まさに、この論点に踏み込むこと、これが「天王山」であった。しかし、ここまでが「政府の会議」である「司法改革会議」の限界でもあった。この問題は、政治そのものに直接かかわるとして、すべて先送りされたのである。

憲法裁判所

これに対して私たちは『市民の憲法』(早川書房、二〇〇二年)で、新たに「憲法裁判所」をつくるということを提案している。憲法裁判所とは、ドイツ等のヨーロッパ大陸諸国や韓国等で設置されている制度であり、主に憲法問題を具体的事件から離れて判断するために特別に設置された一審制の裁判所で、その権限の重要性から、組織や構成、提訴することができる者等について特別な規定が設けられることが多い。

これにどのような権限を与え、また裁判官の人選を含めてどう運用しているかは国によって異なるが、日本でも憲法裁判所が設置されれば司法の世界はこれまでとはまったく異なる世界となるだろう。

憲法裁判所は国民投票の結果についても「合憲」か「違憲」か判断する。また国と自治体の権限をめぐる紛争にも対応する。さらには後に見るように仮に「アジア憲法」の構想が浮上してくれば、日本国民の基本的人権がアジアの基本的人権と比べて妥当かどうか（ちなみにEU憲法では死刑を禁止したが、アジア憲法でもそのような基準が採択されれば日本の死刑制度は大いに揺らぐことになる）きちんと判断しなければならない。基本的人権だけでなく、アジア諸国と結ばれるさまざまな「条約」なども憲法との整合性を求めて審査される、ということになるだろう。

なぜ憲法裁判所は国民の直接的な決定である国民投票の結果について判断することができるのか、といった問題を含めて、憲法裁判所の創設は、それ自体も、そして一つ一つの判決も「政治」と深くかかわることになる。これを忌避したいというのが、憲法裁判所はノーという本能的な理由なのである。

しかし、三権分立にいう違憲審査権とはこのような政治とのかかわりをはじめから覚悟したものではなかったか。

憲法裁判所については、多くの憲法改正案の中でも取り上げられている。しかし、いまだアイデアというだけの段階にとどまり、しかも次第に消極論が増えるようになった。それではどうしたら司法消極主義は一掃されるのか。これまでの憲法改正案にはこれに対する答えを見つけることはできないのである。

第4章

新しい基本的人権

沖縄県久高村のイザイホー．総有の思想が生きる美と祈りの島（毎日新聞社提供）

一　美しい都市をつくる権利

新しい人権

近代憲法は権力の圧政を防ぐための規範として作られた。その方法は二つである。ひとつは議会つまり立法権を中心として権力を三つにわけ、相互に牽制させることによって暴走を防ぐこと、もうひとつは国民の側に武器を与えてこれを防ぐというものである。この国民の側の武器というのが基本的人権といわれるものであり、基本的人権の歴史はそのまま憲法の歴史、すなわち権力コントロールの歴史といってよいのである。

しかし、この基本的人権にも従来のそれとはまったく異質な転機が訪れている。結論から言うと、この論点は、各種憲法改正案に見られる「環境権」や「知る権利」などの、いわゆる新しい権利をどうみるかということとかかわっている。おそらく、各種憲法改正案のなかで、おおよそ国民大多数の支持が得られるものを探すと、文句なくこれらの「新しい人権」があげられる。しかしそうであればあるほど、これが例えば「九条整備」と一括して提案され、九条もいっしょに通ってしまう、つまり「ダミー」とされるのではないか、という疑念も湧いてくるのである。しかし、基本的人権の憲法改正上の要請は、従来の基本的人権にこのような「新しい権利」を加えていくということにあるのではない。ここでも、時代にあわせた「基本的人権の再構成」が必要なのである。

従来、基本的人権の中には三種類のそれがあると解説されてきた。ひとつは言うまでもなく、表現の自由や信教の自由などに見られるように、「国家からの自由」といわれるもので、これらの権利は、国家から干渉を受けない権利とされている。これを国家論に結びつけて言えば、このような国家観は「夜警国家」といわれていた。すなわち国家とは、対外的・対内的に、秩序に対する反乱に対して、権力すなわち暴力を持って対置するというのである。しかし国家といえども万全ではなく、しばしば誤ることがある。誤りは是正されなければならない。これに寄与するのが表現の自由や集会の自由のような自由権といえよう。これは最もなじみやすい、かつポピュラーな古典的人権である。

次の権利は、これも国家観念の変遷とともに生まれる。「福祉国家」がそれであり、これは、特に第二次大戦以降はよりはっきりと刻印されるようになった。市場における「弱肉強食」を是とする資本主義国家においても、経済的弱者に対する保護は不可欠である。この思想はまず労働者階級すなわち弱者を先頭に掲げて台頭してきた「社会主義国家」に対抗するということがあった。また資本の論理からしても「健全な労働力の確保」は不可欠であるという認識が広まった。日本国憲法で言えば、戦後はじめて設けられた「最低限度の生活の保障」(二五条)がその代表的なものである。もっとも、この権利は、国家政策の方向性を定めただけで、一人ひとりに具体的に権利を保障するものではない、というようないわゆるプログラム規定だとする説と、単なるスローガンではなく「制度的保障」、すなわちこれが破られた場合は、国家に対して異議申し立てできる具体的な権利だという説との争いがある。この権利は「国家への自由」といわれる。

さらにこれらの権利と並行して確認されてきた権利として「参政権」がある。これは首長や議員の選挙権に象徴されるように、「民主主義国家」と関係している。国家が人々を統治するためにはその「正統性」が必要である。これは統治する側も統治される側も納得するという関係といってよいだろう。このような正統性を持たない国家、すなわち独裁に対しては、人々は服従する必要がない。この正統性を担保する手続きが「選挙」、すなわち自分を統治する人を自分で選ぶということである。国家は選挙によって選ばれた人によって構成・運営される。人々は国家に対して納税する義務がある、と同時に、徴税する側を自ら選ぶ権利があるのである。選挙権は、最初は男性だけ、あるいは高額納税者だけというような制限があったが、今日では年齢や国籍による制限を除いてすべての男女に認められるようになった。これを「国家に対する参加権」と言ってよいだろう。この参加権は最近はそれだけでなく、情報公開、行政に対する評価や参加などとして拡大している。住民投票をはじめとする「市民の立法権」もこのカテゴリーに分類してよいだろう。

近代憲法は、多かれ少なかれ、このような国家と国民の関係を、国家といえども侵すことができない権利だとして「基本的人権」として保障してきたのである。

しかし最近は、もうひとつこれと並ぶ新しい権利がある、と認識されるようになってきた。それは資本主義社会の成熟と社会主義に対する勝利、そして本書の主要課題である情報や経済の発達による「グローバリズム」という現象の拡大や増進と関係している。私たちは、EU憲法の項でみたように、そのような現象をある一面で二一世紀の不可避的な現象として認識すると同時に、だからこそ個人、地域、あるいは国家は、それぞれのアイデンティティを求めるようになるという事実を直視しなければならないのである。これを国家論的に言えば、それは「夜警国家」「福祉国家」さらには「民主主義国家」とは異質な「国家」が誕生しつつあるということであろう。あるいは「一国ナショナリズム」という言葉から連想されるような「国家観」は溶解し解体していく。それでも国家は残る。その国家は、まだ的確な言葉は見当たらないが、「個性国家」とでも言うべきものである。この国家像は一方でたえず世界の中に身をおきながら、他方、当該地域の歴史・気候・地理的条件などから作られてきた文化・文明、宗教、思想あるいは言語などと密着している共同体であるといってもよいだろう。そしてこれを権利論として言うと、そこで生み出される個性は、世界共通基準の中に埋没するのではなく、それぞれの独自性をあらわす権利として保障されるべきである、またそれは、「国家からの自由」「国家への自由」という国家との対立軸によって構成されるものではなく、国家と国民が一体となって創っていくべきものだと位置づけられるのである。これを私たちはこれまでの三つの権利にプラスして第四の権利と呼ぶことにしよう。

それではそれはどんな権利か、具体的に見てみることにしよう。

例えば、世界的にみると、スペイン憲法第一編第三章は「経済政策および社会政策の指導原則」として、「家族、子供および母親の保護」(三九条)、「所得配分の公平、完全雇傭政策、労働政策」(四〇条)、「健康権、公衆衛生の保護」(四三条)、「文化へのアクセス権、学問・研究の奨励」(四四条)、「歴史的・文化的・芸術的財産の保護育成」(四六条)、「障害者の保護」(四九条)、「老齢者の保護」（五〇条）などを定めており、これはそのような権利の代表的なものといえよう。ここには、「国家」と国民の対立や要求という発想ではなく、むしろ国家と国民とが一体となった思想が充満している。

日本でも、そのような権利の一つとして、「美しい都市をつくる権利」を提案したい。人々は安心して死にたい、と考えている。人々はその前に貧乏でもよいから美しく生きたい、と願うようになった。少々不便でもよいからみんなで助け合って生きたい。また急がなくてもよいから、何かひとつ私たちの子供たちに対して、誇れるものを残してやりたいと考えるようになった。これが美しい都市をつくる権利の原点である。

世界の憲法

美しい都市は、世界中に存在している。特にヨーロッパは、第二次大戦でほとんどが戦場となりながら歴史的な建造物が残され、これに現代の新しい建築物が付加された。ロンドン、パリなどの大都市も、ベニス、フィレンツェ、アムステルダム、バルセロナなどの歴史的で中規模な都市も、そしてロマンチック街道に見られる小さな都市や農村も、日本のそれよりもはるかに美しい。日本では知られていないような小さな村もまたよい。何よりもそれぞれが「プライド」を持っているように感じられる。このような都市はなぜできたか。諸外国の建築基準法や都市計画法は日本とまったく異なり、超高層でも、スーパーでもいつでもどこでも建てられるような「土地所有権の自由」、とりわけ「建築や開発の自由」を否定している。さらにそれを助けるべく、各国憲法は表15のように、それぞれ規定の仕方は異なるが、先ほどのスペイン憲法第四六条のような「美」の重要性をアピールする規定を持っている。

表15　「美」に関係する各国憲法の規定

イタリア共和国憲法 第九条 1　共和国は、文化の発展ならびに科学的および技術的な研究を促進する。 2　共和国は、国の風景ならびに歴史的および芸術的財物を保護する。
インド憲法 第五一Ａ条 次に掲げる事項は、すべてのインド公民の義務である。 六　多面的要素を含んだインド文化の豊かな伝統を尊重し、維持すること。 七　森林、湖、河川および野生動物を含む自然環境を保護、改善し、生物をいとおしむこと
スイス連邦憲法 第二四条六 1　自然および郷土の保全は、邦の管轄事項である。 2　連邦は、自己の任務の遂行にあたって、自然および郷土の保全に関する懸案に顧慮する。連邦は、土地状況、地域景観、史跡および自然的記念物および文化的記念物を愛護する。連邦は、右のものに公的利益が認めら

れる場合には、それを完全な形で保存する。
3　連邦は、自然および郷土の保全のための努力を支担し、また全スイス的意義をもつ対象を、契約により、または公的徴用の形で取得もしくは確保することができる。
第六九条
2　連邦は、全スイスの利益にかなう文化分野での努力を支担し、また、美術および音楽を、とくに教育の領域において奨励する。
3　連邦は、その任務の遂行に際して、国の文化的・言語的多様性を顧慮する。
第七三条
連邦および邦は、一方では、自然とその更新力との間の、長期にわたって釣り合いのとれた関係をつくり出し、また他方では、自然を人間による使用に耐えるようなものとするために努力する。

スウェーデン憲法
第二条
2　個人の個人的、経済的および文化的な福利は、共同体の活動の基本的な目標でなければならない。特に、勤労、住宅および教育の権利を確保し、社会扶助および社会保障ならびに良好な生活環境を促進することは、共同体の義務である。

スペイン憲法
第四五条
2　公権力は、生活水準を維持、向上し、および環境を保護、回復するために、あらゆる自然資源の合理的利用に留意する。このため、公権力は、国民全体の連帯および支持を得なければならない。
第四六条
公権力は、スペイン国民の歴史的、文化的および芸術的財産、ならびにその構成部分につき、法的地位および所有者のいかんにかかわらず、その保護を図り、かつその育成を奨励する。

第四七条

すべてのスペイン人は、相応の、適切な住居を享受する権利を有する。公権力は、この権利を実効的たらしめるため、必要な条件を整備し、適切な基準を定めるとともに、投機を防止するため、全体の利益に合致するよう、土地利用の規制を行う。

地域社会は、公共団体の都市計画により生ずる利益を享受する。

大韓民国憲法

第三五条

1　すべて国民は、健康かつ快適な環境の下で生活する権利を有し、国家および国民は環境保全に努めなければならない。

2　環境権の内容および行使に関しては、法律で定める。

3　国家は、住宅開発政策等を通じて、すべての国民が快適な住居生活をすることができるように努めなければならない。

第一二二条

国家は、国民すべての生産および生活の基盤となる国土の効率的かつ均衡ある利用、開発および保全のため、法律の定めるところにより、これに関する必要な制限および義務を課すことができる。

中華人民共和国憲法

第九条

2　国家は、自然資源の合理的利用を保障し、貴重な動物および植物を保護する。いかなる組織または個人であれ、自然資源を不法占有しまたは破壊することは、その手段を問わず、これを禁止する。

第二二条

2　国家は、名所・旧跡、貴重な文化財およびその他の重要な歴史的文化遺産を保護する。

ドイツ連邦共和国憲法

第一四条

1　所有権および相続権は、これを保障する。内容および制限は、法律で定める。

2　所有権は、義務を伴う。その行使は、同時に公共の福祉に役立つべきものでなければならない。

第一五条

土地、天然資源および生産手段は、社会化の目的のために、補償の種類および程度を規律する法律によって、公有財産または他の形態の公共経済に移すことができる。

第二〇a条

国は、将来の世代に対する責任からも憲法的秩序の枠内で、立法により、ならびに法律および法に基づく執行権および司法により、自然的な生活基盤を保護する。

第七二条

1　競合的立法の分野では、州は、連邦が立法権を行使しなかった範囲かつその限りで、立法権を有する。

第七四条

1　競合的立法は、次の分野に及ぶ。

一五　土地、天然資源、生産手段の公有化またはその他の形態の公共経済への移行

二四　ごみの除去、大気の清浄保持および騒音防止

フィリピン共和国憲法

第二条第一六節

自然と調和した望ましい生態環境に対する国民の権利は保障される。

第一二条第五節

国は、この憲法および開発の国策ないしは計画に従い、固有の文化共同体に、その経済的社会的文化的恵福を享受することを目的とする、父祖の土地に対する権利を保障する。

第一四条第一六節

全国の芸術的歴史的遺産は、国民の文化財である。国はこれを保護し、処分に制限を加える。

ブラジル連邦共和国憲法

第二三条

以下の事項は、連邦、州、連邦区および市の共同の権限に属する。

三　文書、作品、その他歴史的、芸術的、文化的価値を有する財産、遺跡および著名な天然の景観ならびに考古学的地域の保護。

第二四条

以下の事項は、連邦共和国、州および連邦区の競合的立法権限に属する。

六　森林、狩猟、漁労、動物区系、自然保護、土壌および天然資源の保全、環境保護および汚染の制御。

七　天然の景観美を含む歴史的、文化的、芸術的および観光的記念物の保存。

八　環境、消費者、天然の景観美を含む芸術的、美術的、歴史的、観光的価値を有する財産および権利の毀損に対する責任。

第一八二条

市郡の公権力によって実施される土地開発政策は、法律に定める一般的指針に従い、市の社会的機能の完全な発展を組織し、かつその住民の福祉を保障することを目的とする。

二万人以上の住民の市に対し義務づけられ、市議会によって承認された指導計画は、都市の開発および拡張政策の基本手段である。

市街地の所有権は、指導計画に明示された市の基本的要求を満たすとき、その社会的機能を果たす。

第二二五条
すべての者は、国民の公共用物で、健康な生活を営む上で不可欠の、均衡のとれた生態的環境に対する権利を有し、公権力と社会には、現在および将来の世代のためにこれを擁護し、かつ保全する義務が課せられる。

ポーランド共和国憲法

第六条
ポーランド共和国は、ポーランド国民のアイデンティティ、その持続と発展の源泉である文化財の普及とそれへの平等なアクセスのための条件をつくり出す。

第七四条
1 公的権力は、現在および将来の世代にエコロジー的安全を保障する政策を実施する。
2 環境の保護は公的権力の義務である。
3 各人は、環境の状態およびその保護についての情報を得る権利を持つ。
4 公的権力は、環境を保護しその状態を改善するための市民の行動を支援する。

ロシア連邦憲法

第四四条
1 各人には、文学的、芸術的、学術的、技術的およびその他の種類の創作活動と教育の自由が保障される。知的所有権は、法律によって保護される。
2 各人は、文化的な生活への参加および文化施設利用の権利、文化財の享受の権利を有する。
3 各人は、歴史的および文化的な遺産の保護に配慮し、歴史と文化の記念物を大切にしなければならない。

（阿部照哉・畑博行編『世界の憲法集〔第二版〕』（有信堂、一九九八年）などによる）

第四の権利の構造

このような「美」を保障した各国の憲法を見ると、次のような構造になっている。

1　ここには以前の三つの権利に見られた「国家と国民」という二項対立は存在しない。すなわちこれまでの権利は、国民、しかも主権者たる国民とは別に、国民の外側に、「国家」というフィクションを想定し、これとの関係で、すなわち正確に言えば、上にある国家と下にある国民という「上下関係」、憲法言語で言えば「統治」という関係の下で、それぞれ「国家からの自由」「国家への自由」そして「国家への参加」という形で総括してきた。

国家は「国民の外」にあって「暴力」を禁止し、「福祉」を施し、「民主主義」を設計する、とされているのである。しかし、この「美」の世界では、当然であるが、国家だけではそれを作ることができない。国家ではなくて国民が、それを実現する主体なのである。すなわち、そこでは国家と国民は二項対立ではなく一体となっている。これが従来の三つの権利とまったく異なる新しい権利、すなわち第四の権利の特徴である。

2　各国憲法は、「美しい都市」にかかわる権利をそれぞれの固有の言語によって多様に表現していた。

多元的文化、風景、景観、歴史、芸術、住居生活、父祖伝来の土地、アイデンティティ、エコロジー、市民などである。一般的には理解し難いと思われるが、日本では法律で使用できる言語はすこぶる限定されている。たとえばＮＰＯ法が「市民」という言葉やこの「ＮＰＯ」という横文字の言葉を排して、「特定非営利活動促進法」とされたように、このような言語はタブーなのである。曖昧な言葉を使うと、厳格であるべき法律解釈も曖昧になってしまうというのがその理由である。しかし、言語こそ時代を最も正確に映す鏡であり、英語が世界中を覆うようになった今でも、EUでは母国語をなくせと主張するものがいない、ということを見ればわかるように、これこそアイデンティティの根源といえよう。世界では自己のアイデンティティを保つために多様な方法で第四の権利を確認しているということを見ておきたいのである。

3　次いで、このような差異がアイデンティティの確立といったレベルだけでなく、もう少し深いところで「土地所有権論」とかかわっている、ということも指摘しておきたい。詳しくは後述の「土地所有権論」を見ていただきたいのであるが、ヨーロッパやアメリカでは建築基準法や都市計画法の前提として、「土地所有権には義務が伴う」ということが原則として承認されている。建築や開発の不自由はこのような土地所有権論の産物なのである。これに対して日本では、いまだに「土地所有権の絶対性」が優位になっているということが問題の核心なのである。いたるところに超高層が建つのも、町から人がいなくなるのも、この土地所有権の外形であるということを見なければならない。近代あるいは都市といったキーワードを使って説明すると、諸外国の「義務の構成」は成熟した都市型社会に対応し、日本の「権利の構成」は発展途上国の農村型社会に対応するものといえよう。言語の多様性もこれと対応する。成熟した都市型社会では土地所有権はそれぞれの都市の個性に応じて開花すべきなのに対し、農村型社会では農業用地として保全されなければならないのである。全国・画一的な規制は決して美を生み出さない。

4　権利の定義の仕方にもこの差異が明瞭である。

前に見た「国家からの自由」である古典的権利としての「表現の自由」は、「表現の自由はこれを保障する」（憲法二一条）とされている。土地所有権の自由もいわばこの範疇に分類されるが、それは「財産権は、これを侵してはならない」（同二九条一項）となっている。ちなみに「国家への自由」としての「生存権」は、「①すべて国民は、健康で文化的な最低限度の生活を営む権利を有する。②国は、すべての生活部面について、社会福祉、社会保障および公衆衛生の向上及び増進に努めなければならない」（同二五条）とされていた。

これを見ると、国家からの自由は「権利と義務」という形で規定されているのに対し、国家への自由では二五条二項に見られるように、「権利と義務」という関係ではなく、「国は○○に努めなければならない」として「国の努力義務」となっていることに注目しておきたい。

そこでこれらの規定の相違（なお、参政権について直接国民の側から規定した条文は存在しない）を念頭に置きつつ、美に関する各国憲法の規定の仕方を見てみよう。

各国はこの権利について「促進、尊重、解釈、育成、繰り広げる、条件を作り出す、支援する、努力する」などという言語を使用している。これを見ると、先ほどの「権利と義務」の規定はもちろん、「努力する」といった規定をもさらに超えて「繰り広げる、条件を作り出す」などおよそ「運動」論的な次元に踏み込んでいることがわかる。言い換えれば、第四の権利というのは、「権利と義務」の構造を超えて国と国民のありようを運動論として構築するという点に特色があるのである。

5　したがって、このような権利論からいえば権利の主体についても本質的な変更が生じるのも当然といえるだろう。

第一群の権利から第三群のそれまで、権利の主体は個人であった。第一群の「国家からの自由」の主体が「個人」であることは当然であるが、第二群の「国家への自由」もいかにも「弱者の救済」がモチーフのようであるが、これも「権利と義務」として構成される限り、その主体はあくまで個人である。第三群の参政権も同様である。

しかし、運動論として構築される権利の主体は個人とは限らない。NPOや企業などの団体、消費者といった集団、あるいは地域などすべてが運動の主体となりうる。したがってこれらすべてが権利の主体となるのである。

これらの主体がおのおののアイデンティティを求めて自由に個性的に活動する。その上に、あるいはそれらが重畳しながら、それぞれの地域、あるいは個人の上に幸福が築かれるというのが二一世紀市民の憲法のイメージである。

絶対的土地所有権

日本でも「美しい都市をつくる権利」が第四の権利として憲法上保障されなければならない。またそれを実効あらしめるために、憲法二九条の土地所有権の絶対性を定めた規定も改正される必要がある。

日本では「土地所有権は原則自由」となっていることを、ここでもう一度確認しておこう。それは公法および私法によって、次のように規定されていることによる。まず公法は、

「①財産権は、これを侵してはならない。②財産権の内容は、公共の福祉に適合するやうに、法律でこれを定める」（憲法二九条）

とし、私法はこれを受けて、

「所有者ハ法令ノ制限内ニ於テ自由ニ其所有物ノ使用、収益及ヒ処分ヲ為ス権利ヲ有ス」（民法二〇六条）

とした。

この規定は絶対的所有権といわれ、所有権には義務が伴うとされるヨーロッパやアメリカ型とは反対に、土地所有権の絶対性・無限大に近い力を認める最大の根拠なのである。但し、無制限ではなく、公共の福祉つまり、都市計画法、建築基準法等によって制限される。しかし、これらの制限は全国的な公平性を保つために国しか行うことができず、しかも土地所有権の自由を侵害しないように制限は必要最小限でなければならないと

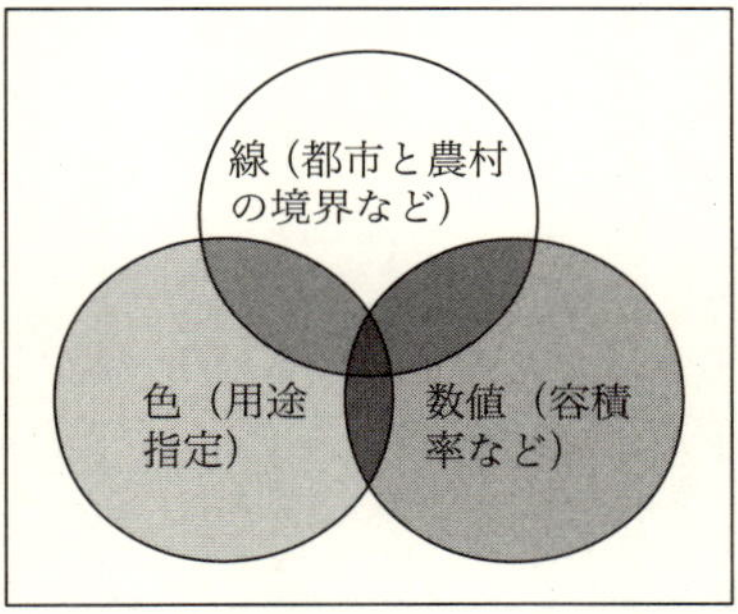

図7　土地利用に関する法令の制限方法

されるのである。

制限の方法は線（市街化区域などの境界線）・色（用途指定）・数値（容積率・建蔽率など）という画一的・機能的な手法であり、結果的に土地所有者は所有権の行使として、線、色、数値の範囲内であればその地域の環境や伝統あるいは文化などを一切無視して自由に建築することができるようになっている。

住宅地の真ん中に超高層ビルが建ち、田んぼの中にラブホテルやスーパーが進出するなど、都市が醜くなる本質的・制度的要因はここにある。いわゆる規制緩和とはこの線、色、数値、とりわけ数値の代表としての容積率を緩めるということであり、小泉構造改革による「都市再生」では、このわずかな制限すらすべて取り払って建築無制限とし、その結果が六本木ヒルズ等に代表される超高層ビルラッシュとなった。したがって、美しい都市をつくるには、この絶対的所有権を変更しなければならないことになる。

実はこのアイデアは、憲法として実現される一歩手前まで行った時期があった。そしてこの論点は、少し角度を変えていうと、明治憲法と昭和憲法の連続と切断ともかかわっていた。

表16のように、明治憲法と昭和憲法は「絶対的所有権」を定めているが（なお昭和憲法は明治憲法の規定に、私有財産に対する収用権を付け加えている）、マッカーサー草案は「所有権の義務」を定めている。つまり、明治憲法→マッカーサー草案→昭和憲法という過程で、絶対的所有権はマッカーサー草案によって否定されたにもかかわらず、再び明治憲法に回帰（連続）しているのであ

表 16　絶対所有権の規定の比較

明治憲法	1．日本臣民ハ其ノ所有権ヲ侵サルルコトナシ．2．公益ノ為必要ナル処分ハ法律ノ定ムル所ニ依ル（27 条）	絶対的所有権
マッカーサー草案	財産を所有する権利は不可侵なり然れども財産権は公共の福祉に従い法律により定義せらるべし（27 条），土地及び一切の天然資源の究極的所有権は人民の集団的代表者としての国家に帰属す国家は土地又はその他の天然資源をその保存，開発，利用又は管理を確保又は改善するために公正なる補償を払いて収用することを得（28 条），財産を所有する者は義務を負うその使用は公共の利益のためたるべし国家は公正なる補償を払いて私有財産を公共の利益の為に収用することを得（29 条）	所有権の義務
昭和憲法	1．財産権は，これを侵してはならない．2．財産権の内容は，公共の福祉に適合するやうに，法律でこれを定める．3．私有財産は，正当な補償の下に，これを公共のために用ひることができる（29 条）	絶対的所有権

国立の高層マンション．大学通りの並木をはるか下に見下ろす（読売新聞社提供）

る。なぜ昭和憲法の制定時に、このマッカーサー草案の「所有権の義務」が否定されたのかについては、歴史の扉の中に深く閉じ込められたまま明らかになっていないが、おそらく私有財産の絶対性を守ろうとした官僚側の抵抗によって、憲法案の他の部分と同じように骨抜きがおこなわれたのだろう。確かなことは、この規定が導入されていれば、日本の都市は現在のようにはなっていなかったということだ。今後、憲法を改正する際には、この規定を復活させる必要がある。これが美しい都市の最低条件となる。

国立判決と景観法の限界

二〇〇二年、この絶対所有権を見直す画期的な判決が東京地裁で出された。

事件は、美しい街路樹で知られる東京国立市で発生する。事業者はここに街路樹の高さ二〇メートルを超える、四〇メートルのマンション建築を計画した。これに対して国立市および国立市民は、このマンションは景観を壊すとして、署名・陳情や条例の制定、裁判などあらゆる手段で対抗したが、事業者はこれを無視して建築を強行し、まもなく建築は完了し、入居者も入居を始めた。

判決はこれに対して「地権者らは、その土地所有権から派生するものとして、形成された良好な景観を自ら維持する義務を負うとともに、その維持を相互にもとめる利益（景観利益）を有する」として、街路樹の高さ二〇メートルを超える建物の撤去を命じて、日本ではじめて、先に見た土地所有権の義務を確認したのである。[19] この判決や自治体の景観条例の制定などを受けて、日本でもようやく景観利益を媒介にした土地所有権の義務論が浮上するようになり、国土交通省の「美しい国づくり政策大綱」（二〇〇三年）や景観法（二〇〇四年）の制定もこの系譜に連なるとみてよいだろう。

こうして国中をコンクリートで固めてしまった開発・公共事業イコール善という政策に反省が生まれてきた。ようやく国も自治体も失ってきたものの大きさに気がつき始めたのである。

それでは、このような判決や景観法によって美しい都市は実現できるであろうか。

国立判決は、従来の権利論一点張りの土地所有権に義務論を導入したものとして画期的なものだった。またこれと連動する景観法は、線、色、数値による都市に対して、この価値観と対極的な位置にある（歴史・伝統あるいは環境などを含む）「美しい」という概念を導入したものとしてこれまた画期的なものである。

しかし、それでも限界がある。国立一審判決では、景観利益があるのは「ある特定の地域で、土地所有者らが建築物の高さや色調、デザイン等に一定の基準を設け、互いにこれを遵守することを積み重ねた結果、当該地域に独特の街並みを形成している場合」と限定し、「美しい国づくり政策大綱」も景観戦略として醜いものの代表としての電線・テトラポット・看板などの撤去は全国的に行う、また世界文化遺産や伝統的建造物保存地区、あるいは鎮守の森など特殊な地域は積極的に守るとしているが、市街地の大半を占める普通の地域では、「コンセンサスが形成されにくいので、当面は地域の水や緑を手がかり」に努力していく以外にないとした。景観法も、このような論理と

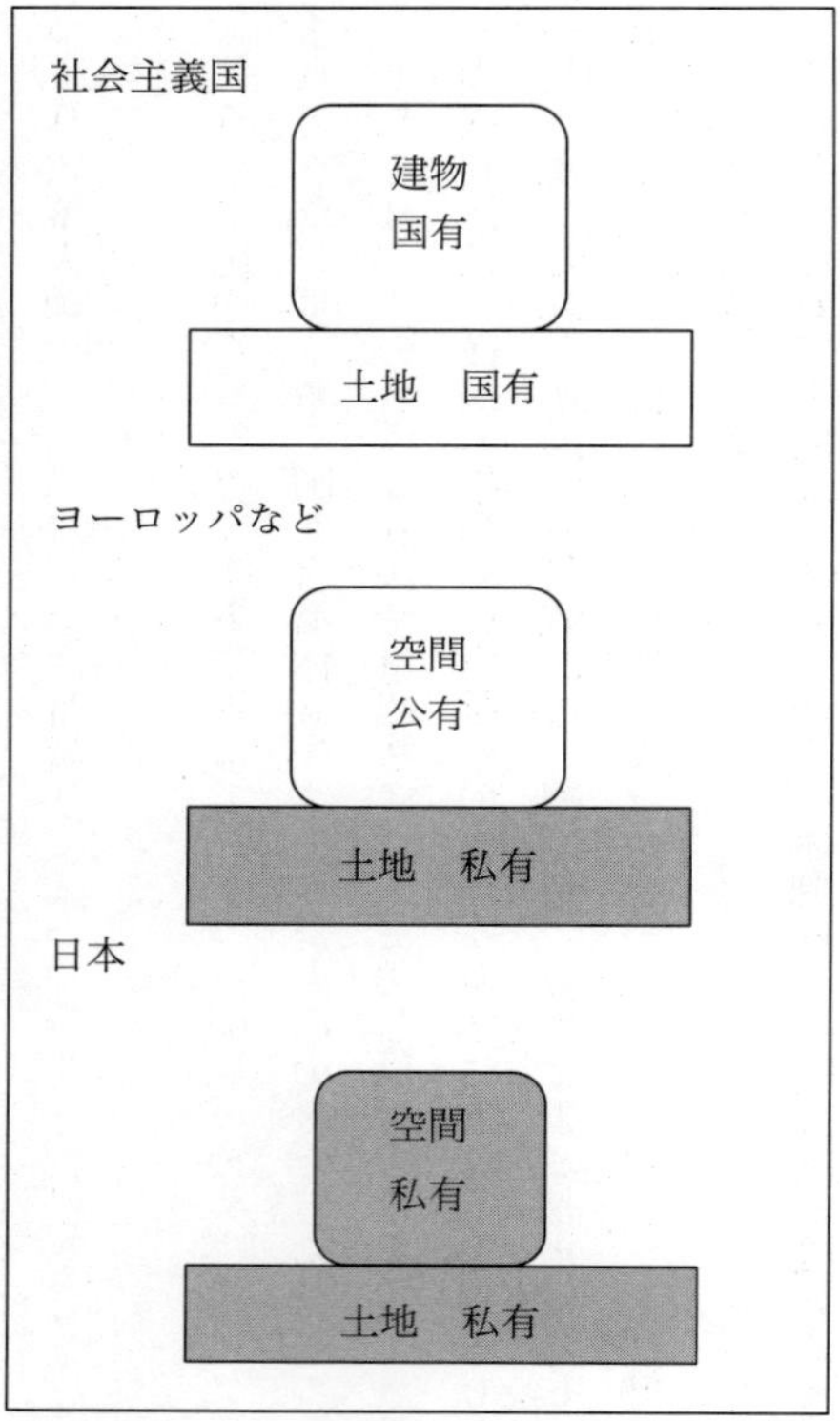

図8　土地と空間のイメージ

価値観が導入される地域は、景観地区など一部の地域のみであり、コントロール方法も相変わらず「デザインと色彩」を規制するというだけで、みんなで美しい都市を新たに創っていくという発想はまったく持ちあわせていないのである。

さらには、その後東京高等裁判所が国立第二審判決で、「景観権」は認められないとして、一審判決を取り消すというような逆流も生まれている。

美しい都市はどうすれば作れるか。私たちは、単に「土地所有権には義務が伴う」という規定を創るというだけでなく、そもそも現代における土地所有権とは何かという、土地所有権の根源に返って考えてみる必要がある。

ひとつは、土地所有権を私有（個人、企業、あるいは国、自治体など）ではなく、すべて国有とする方法だ。ここでは個人の自由としての所有＝建築は禁じられ、全国どこでもすべて国の計画に従わなければならない。この土地国有化論はいわゆる社会主義国で採用された政策だが、これにはまず計画というものがうまくいくかどうかという点から始まって、そもそも現在個人所有となっている所有権を国有化するための費用をどうするか、あるいはさらに土地国有を支える社会主義の復活は可能か、またそれは妥当なのかという問題がある。

もうひとつの考え方は、土地所有権の私有は認めるが空間は「公有」とし、この公有空間について強い規制をかけるというものだ。[20] 情緒的な表現法で言えば、「土地はあなたのものだが空間は全員のもの」というもので、先ほど見たヨーロッパやアメリカの都市法はこれに近い。つまり、すべての土地所有権に対して義務を課し、この義務とは公有空間の計画に従う義務であるとするのだ。このようにすれば、美しい都市の形成は一定の限られた地域だけでなく、普通の地域、すなわち都市全域に広げられる。とりあえず日本でも実現可能な案といえばこのアイデアであろう。

実はこのような公有化については日本でも過去に何回となく論じられてきており、たとえば、地価が暴騰したバブルの頃、今はなき司馬遼太郎と松下幸之助がこれを提唱して一躍有名になったりもした。しかし、本当はそれだけでは足りない。美しい都市は公有の質を高めなければ実現できないのである。それは公有化にはまだ人々全員が美しい都市をつくるという動機づけがないからである。この論点はこれまでほとんど提起されてこなかった。私は、その手がかりとなるのが「総有」であると考えている。総有とは何か。

総有論へ

「総有」とは、民法の学説上は「共同所有者の持分が潜在的にも存せず、したがって持分の処分や分割請求が問題にならず、各共同所有者は目的物に対して利用・収益権を有するのみで、管理権は必ずしも各共同所有者が行使せず、慣習やとりきめによる代表者がこれを行使する形態の共同所有」とされている。

つまり、私有でも共同所有でもない、ある地域の共同体全体が所有するもので、処分するというような場合に個人の持分をどうするかといった問題は発生しない。

さらに、「このような総有は、ゲルマン法上、部落協同体の下で存在した。わが国の慣習上みられる入会権は、総有の性質を有するといわれてきたが、近時は入会権の解体の現象により、総有的性質の後退、個人所有権的性格への移行がみられる。入会権のほかにも、慣習上の物権（温泉権等）につき総有の概念による説明が用いられるほか、権利能力なき社団の財産についても、総有という説明が用いられることもある[21]」とされている。

周知のように、ここでいう入会権、温泉権などの所有権は、それを支える共同体の衰滅とともに、処分の自由などを本質とする絶対的土地所有権の前に次々と解体されてきた。ここで総有の主張を持ち出すのは、もちろんこのような過去の入会権や温泉権をそのまま都市に導入するべきだというのではない。今後は自治体や市民が一体となって知恵を生かし、高齢化、省エネルギー、環境などに配慮した地域づくりを行う。その集合が都市になるという新しい発想が必要であり、それを支えるためにこの総有概念がキーになるということである。

総有概念は、最近、長野県知事が政策のバックボーンにしようとしている「コモンズ」の理論と共通し、その制度的背景を準備するものだ。二〇〇三年一二月に長野県総合計画審議会専門委員会が出した「未来への提言～コモンズからはじまる、長野県ルネッサンス」によると、「コモンズとはもともと、ある特定の人々の集団あるいはコミュニティにとって、その生活上あるいは生存のために重要な役割を果たす希少資源そのものか、あるいはそのような希少資源を生み出すような特定の場所を限定して、その利用に関して特定のルールを決めるような制度をさす。つまり、特定の場所が確定され、対象となる資源が限定され、さらにそれを利用する人々の集団ないしはコミュニティが確定され、その利用に関する規制が特定されているような一つの制度を意味する」。

説明は難しいが、要は「これはあなたのもの」「これはわたしのもの」と分け隔てして自己主張してきたやり方に別れを告げ、みんなでルールを決めて共同利用する、ということだ。

従来の公有論には、この自治体（政府）と市民が一体となって空間に働きかける、空間に働きかけつつ次第に土地所有権そのものを共同体全員の所有とするというダイナミズムが欠けている。入会権をイメージすればわかるように、土地所有権は共同体に属するとする点で空間の公有化とは異なっている。さらに、分割や個人のみの利用権は認められないという点で私的所有権とも異なる。総有概念の導入によってはじめて、公有権にも貫かれている自治体（政府）が市民を支配するという統治関係が廃止され、都市は自治体と市民が共同して創るという形に転換される。こうして総有論は従来の「権利と義務」の論理で構築されてきた土地所有権論にも転換を迫り、憲法や民法の改正への視座を築くのである。

政策シンポジウムでコモンズについて議論する田中康夫長野県知事ら（http://www.thinknet21.com/info/040510.html より）

二　宗教（政教の分離）

日本社会は不安に満ちている。先行きどうなるか、日本社会全体はもちろん、自分自身すらよくわからない。最近、「負け犬」という言葉が流行するようになった。これはもともと三〇代後半の未婚女性にターゲットがあてられたものだが、これは社会全体に広げても通用する。そして、負け犬がじわじわとその裾野を広げるようになる。その極地に「自殺」がある。

この両極端の中で、静かに、そして圧倒的な勢いで広まったもの。それは「何かにすがる」から始まって、「祈る」そして「信ずる」という一連の心的なモチベーションの拡大である。

「すがる」は正月の初詣、占い師、そして新興宗教などの隆盛に、「祈る」は四国遍路、そしてそれなりの神社仏閣の繁栄、さらには古寺巡礼本の流行などに見られよう。最後の「信仰」は、日本人の重畳信仰（あるときは仏教、あるときは神道、そしてあるときはキリスト教、さらには野仏や地蔵さんまで）を入れてだが、信徒の数を合計すると人口の何倍にもなるという、世界一信仰の厚い国、それが日本なのである。

そして信教の自由とは、実はこの「すがるから信仰まで」の一連の心的状況をその最終形として法的に総括したものとみることができるだろう。ＥＵ憲法では、宗教をＥＵのアイデンティティとするか否かの大きな論争があった。また、世界中に安楽死、脳死、中絶あるいはクローンなど、

「生と死」をめぐる困難かつ切実な問いかけがみられる。しかし日本では、ここにも大きな歪みが発生しているようである。

信教の自由と憲法

信教の自由について、憲法の通説的な解釈は以下のようになっていた。

「近代の自由主義は、中世の宗教的な圧迫に対する抵抗から生まれ、その後血ぬられた殉教の歴史を経て成立したものである。それだけに、信教の自由は、あらゆる精神的自由権を確立するための推進力となったもので、歴史上きわめて重要な意味を有する。したがって、信教の自由は人権宣言の花形に数えられ、各国憲法のひとしく保障するところである」（芦部信喜『憲法　新版補訂版』岩波書店、一九九九年）。信教の自由はそれが「内的」に個人の胸のうちにとどまる限り、おそらく世界中でこのこと自体に異議を唱える人はいない。しかし、この個人の内部的な存在から、外部にまで広がっていくとさまざまな問題が露呈してくる。宗教はそもそも「布教」をその本質として有している。「布教」は一人ひとりの対面的な会話や説教から始められ、次第にそれが拡大し、その先に「政治」が出現するようになる。この歴史はヨーロッパの宗教戦争や、日本におけるキリシタン弾圧などを見れば一目瞭然であろう。そしてこの問題に対する解決策が「政教分離の原則」であった。すなわち、個人が宗教を信じるのは自由である。ある宗教者が教団を作り、これを宣伝するのも自由だ。しかしこれがいったん政治と結びつくと大きな弊害が生じるので、これを禁止するというのがこの政教分離の原則であった。

この原則が今いかにも不透明になっている。

たとえば、公明党は周知のように創価学会という宗教組織の外部団体であるが、最近は権力の中枢、特に自公連合以来、政権にとって不可欠な存在になっている。しかし、いかに外部団体であり別な組織であると弁明しても、宗教政党の本質は変わらず、この原則に違反するのではないか。また、国が特定の宗派の宗教教育を根本理念として作られた大学などに何十億円というような莫大な補助金を出しても問題とされていないのに、知事や市長が戦没者の供養塔などの移転に当たってわずか二ないし三万円でも玉ぐし料として出したりすると、裁判所で違憲だとして争われるのは何故か。そして問題の「靖国神社」。総理大臣がその就任や新年の行事などで神社の頂点にある「伊勢神宮」に参拝しても誰も異議を唱えない。しかし同じく神道でも、これが靖国神社だと、周知のように日本だけでなく、中国や韓国などからブーイングが渦巻き、時に鋭い国際緊張をもたらす。裁判所もこれについては合憲と違憲が分裂している。

このようにみると、いかにも不動のように見える「政教分離の原則」も、何かちぐはぐで落ち着いていない、ということがわかる。宗教は今後どうなるのであろうか、あるいはどうしたらよいのか。

まず二つの憲法を振り返ることから始めよう。

宗教の自由の歴史

明治憲法　宗教への弾圧は、江戸時代のキリシタン事件を見るまでもなく、深く長い歴史を持っている。明治憲法は信教の自由を保障し、「日本臣民ハ安寧秩序ヲ妨ケス及臣民タルノ義務ニ背カサル限ニ於テ信教ノ自由ヲ有ス」（二八条）とした。この規定には三点の特徴があった。

1　明治憲法の起草にかかわった伊藤博文はこの条文について、「本心の自由は人の内部に存するものにして、固より国法の干渉する区域の外にあり。信仰帰依はもっぱら内部の心識に属するとはいえ、其の更に外部に向かい、崇拝・儀式・布教・演説及結社・集会をなすに至っては固より法律または安寧秩序を維持するための一般の制限に遵はざることを得ず」（憲法義解）としていた。すなわち宗教の自由を精神の内部と外部行動とにわけ、前者は自由だが、後者には制限が加えられるとしたのである。

2　さらに明治憲法では神道は宗教にあらずとされ、さらに神社神道は国家神道（国から特権を受けられる）となった。言うまでもなく、この国家神道の頂点にいるのが天皇であり、天皇は神となり、絶対者となった。天皇は「安寧秩序」そのものなのであり、臣民はこれを侵さないという限りで信教の自由が保障される。

3　ではこの安寧秩序とは何か。法律がこれを具体化する。

刑法（明治四〇年）第七四条の不敬罪（昭和二二年削除）

「①天皇、太皇太后、皇太后、皇后、皇太子又ハ皇太孫ニ対シ不敬ノ行為アリタル者ハ三月以上

五年以下ノ懲役ニ処ス

② 神宮又ハ皇陵ニ対シ不敬ノ行為アリタル者亦同シ」

新聞紙法（明治四二年。昭和二四年五月二四日廃止）第四二条

「皇室ノ尊厳ヲ冒シ政体ヲ変改シ又ハ朝憲ヲ紊乱セムトスルノ事項ヲ新聞紙ニ掲載シタルトキハ発行人、編輯人、印刷人ヲ二年以下ノ禁錮及三百円以下ノ罰金ニ処ス」

治安維持法（大正一四年。全七条。ただし昭和一六年に全六五条に全面改正）第一条

「國体ヲ変革シ又ハ私有財産制度ヲ否認スルコトヲ目的トシテ結社ヲ組織シ又ハ情ヲ知リテ之ニ加入シタル者ハ十年以下ノ懲役又ハ禁錮ニ処ス」（昭和三年に「國体ヲ変革スルコトヲ目的トシテ結社ヲ組織シタル者又ハ結社ノ役員其ノ他指導者タル任務ニ従事シタル者ハ死刑又ハ無期若ハ五年以上ノ懲役若ハ禁錮ニ処シ情ヲ知リテ結社ニ加入シタル者又ハ結社ノ目的遂行ノ為ニスル行為ヲ為シタル者ハ二年以上ノ有期ノ懲役又ハ禁錮ニ処ス」（一条一項）と改正）

これらの法律を見ると、信教の自由の限界が、「不敬」（旧刑法）、「皇室の尊厳、政体の変改、朝憲の紊乱」（新聞紙法）、「国体の変革、私有財産制度の否認」（治安維持法）といったように、現在では想像もできないような「法益や概念」（この解釈はもっぱら権力にゆだねられている）によっ

て定められていたということがわかる。戦前日本では天皇批判イコール即不敬罪などとして、直接的な宗教弾圧につながっていった。

要するに、信教の自由は神社の国教的地位と両立する限度で認められたにすぎず、その完全な実現は根本的に妨げられた。そしてその制限は、やがて国粋主義の台頭とともに、国家主義や軍国主義の精神的支柱となったことを記憶しておかなければならない。

昭和憲法

日本は太平洋戦争に敗れ、日本を占領したマッカーサーは、日本軍国主義の根源を探り、先に見た天皇イコール神道イコール絶対という価値観とそれを具体化した法律にその震源を見た。

一九四五年（昭和二〇年）一二月、連合国総司令部は「神道の国家からの分離、神道の教義からの軍国主義的・超国家主義的思想の抹殺、学校からの神道教育の排除」などを命じた「国教分離の指令」（「神道指令」ともいう）を発する。この指令に引き続き、天皇自ら人間宣言を発し、天皇とその祖先の神格を否定し、神道の特権的地位を支えてきた基盤の消滅を明確にしたのである。昭和憲法は、このような沿革を踏まえて制定された。

憲法二〇条一項前段は、「信教の自由は、何人に対してもこれを保障する」と定める。ここに言う信教の自由には、信仰の自由だけでなく、伊藤博文の否定した宗教の外部的行為、すなわち布教や結社の自由を含んでいる。なおこれは西欧諸国では礼拝の自由とか宗教実践の自由と呼ばれている。

憲法二〇条一項後段は、「いかなる宗教団体も、国から特権を受け、又は政治上の権力を行使してはならない」と定め、三項は、「国及びその機関は、宗教教育その他いかなる宗教的活動もしてはならない」と定めている。明治憲法の国から特権を受ける国家神道を禁止し、国家の宗教的中立性を明示したのである。

これらの規定について、明治憲法と同じように関連する法律を見ると、次のようになる。まず信教の自由のほうから見ていこう。

第一に、憲法改正に伴って、刑法の「不敬罪」および新聞紙法は廃止された。次いで、治安維持法は破壊活動防止法にかわり、新たに宗教法人法が制定された。

1　破壊活動防止法

「第一条

この法律は、団体の活動として暴力主義的破壊活動を行つた団体に対する必要な規制措置を定めるとともに、暴力主義的破壊活動に関する刑罰規定を補整し、もつて、公共の安全の確保に寄与することを目的とする。

第三条

①この法律による規制及び規制のための調査は、第一条に規定する目的を達成するために必要な最小限度においてのみ行うべきであつて、いやしくも権限を逸脱して、思想、信教、集会、結社、表現及び学問の自由並びに勤労者の団結し、及び団体行動をする権利その他日本国憲法の保障する

国民の自由と権利を、不当に制限するようなことがあつてはならない」

2 宗教法人法

「第一条

①この法律は、宗教団体が、礼拝の施設その他の財産を所有し、これを維持運用し、その他その目的達成のための業務及び事業を運営することに資するため、宗教団体に法律上の能力を与えることを目的とする。

②憲法で保障された信教の自由は、すべての国政において尊重されなければならない。従つて、この法律のいかなる規定も、個人、集団又は団体が、その保障された自由に基いて、教義をひろめ、儀式行事を行い、その他宗教上の行為を行うことを制限するものと解釈してはならない」

宗教はその外部行動を含めて原則として自由になった。ただ、それが暴力主義的破壊活動にいたったときにのみ制限される、とされたのである。こうして昭和憲法では「信教の自由」について本質的転換が図られている。この傾向は二一世紀憲法でも引き継がれるであろう。

次に、もうひとつの昭和憲法の柱である政教分離について考えてみよう。これは少し複雑である。

(1) 政教分離の主要形態

国家が宗教に対してどのような態度をとるかは、必ずしも一律なものではなく、国により時代により異なっている。世界を見ると、主要な形態として、①国教制度を建前としつつ国教以外の宗教に対して広汎な宗教的寛容を認めるイギリス型、②国家と宗教団体とを分離させながら、国家と教会とは各々その固有の領域において独立であることを認め、競合する事項については政教条約（Konkordat 教会条約とか和親条約とも言われる）を締結し、それに基づいて処理すべきとするイタリア・ドイツ型、③国家と宗教とを厳格に分離し、相互に干渉しないことを主義とするアメリカ型がある、とされている。

日本国憲法における政教分離原則は、このうち、アメリカ型に属すとされ、国家と宗教との厳格な分離が定められた。

(2) 政教分離の限界（目的・効果基準）

しかし、国家と宗教との厳格な分離と言っても、国家と宗教とのかかわり合いを一切排除するというのではない。日本の手本となっているアメリカでは、たとえば大統領は選挙で当選すると、「聖書」を手にしてその就任演説をする。これはイスラム教など他の宗教を信じるアメリカ国民から見れば不合理であり、差別ではないか、などいくらでも問題を指摘することができる。

どこからどこまでが合憲で、違憲か？ これはどの法律にも具体的な規定がなく、もっぱら裁判で争われてきた。アメリカの判例では、この種の問題について、目的・効果基準と呼ばれる基準が用いられている。①問題となった国家の行為が、世俗的目的（secular purpose）をもつものかどうか、②その行為の主要な効果（primary effect）が、宗教を振興しまたは抑圧するものかどうか、③その行為が、宗教との過度のかかわり合い（excessive entanglement）を促すものかどうか、という三要件を個別に検討することによって政教分離原則違反の有無を判断し、これらの要件が一つでもクリアーできなければ当該行為を違憲としようというのである。

わが国でも、それを変容した形ながら、この基準を用いて多くの裁判例が積み重ねられてきている。

代表的な裁判例として、津地鎮祭、箕面忠魂碑、自衛官合祀拒否と、いわゆる靖国訴訟がある。結論からいうと、前三者はいずれも宗教的活動、あるいは宗教的施設ではないとして最高裁判所では最終的に合憲となっているのに対し、靖国訴訟では、総理大臣の参拝だけでなく、自治体の玉ぐし料公費支出なども、違憲ないし違憲の疑いがあるとされているということである。

つまり、一般的には首長などが相当程度のことをしてもそれは「宗教行為」というよりは「世俗的な行事」であり、許される。しかし、かつての国家神道の象徴的存在である靖国神社に自治体の長が玉ぐし料を払うことや、国民の代表者である総理大臣が公式参拝を行うことは、たとえその目的が「世俗的なもの」であったとしても、結果として国家と宗教の深い結合関係をうかがわせる象徴的な意味を持つ。これは政教分離の根幹にかかわる、というのである。

国民と宗教

本章の冒頭に触れたように、日本の国民は、世界で最も多信仰の国である、といわれている。正月、ほとんどの日本人が、近くの「神社」に参拝する。夏のお盆にはほとんどの人が故郷に帰り、

「寺」に先祖の供養を行う。一二月には「クリスマスソング」が流れ、みんなでケーキを食べる。神はひとつではない。

そのどれひとつとして深く宗教的な意味を問うことなく、日本国民は、結婚式も葬儀も七五三も、また名所、旧跡を訪れる観光の際に行われるさまざまな宗教施設に対するお参りも、特殊なものとして行っているわけではない。いわば日常的な、慣習・行事として行っている。

重畳信仰とその日常化こそ日本人の信仰の本質といってよい。そしてこの慣行は、忌避されるべきことではなく、日本の伝統や文化の骨格にあるものとして存続させなければならないと私は考えている。そしてこのような信仰の重要性や必要性という観点から言うと、戦前、日本は明らかに国家と宗教が癒着し過ぎ、戦後、今度は反転して世界でも厳格な政教分離の国になっている、というべきではないか。

この間、日本の宗教団体や信徒は、このようなおよそ正反対の転換の中で、宗教本来のポジションを見極められないまま、一方で極端に政治に走るものと、まったく政治的関心を持たないものとに分かれ、平和や貧困、あるいは命といった宗教の根本問題（これが宗教の起源である）についても、宗教者本来の発言や行動を封じられてきている。そのような背景もあってか、「教育」の世界からも宗教教育は排除され、それが「道徳」や「倫理」あるいはさらに「哲学」の不在となって顕れ、おぞましい犯罪や全体的な不安の原因となっている、との指摘が多い。

そのような背景があって、二一世紀の憲法は、この問題を避けて通ることができなくなっている。

事実、これを先取りするような形で、戦後の民主主義と個人の権利を過度に強調した教育基本法を改正し、宗教心や道徳の復活を入れよという主張が声高に叫ばれ、いくつかの憲法改正案にも、そのような主張が取り込まれるようになった。

私たちも、こうした大きな文脈の中で、宗教の論点を、政教分離の原則の下で不問にしないで真正面から考えなければならない。しかし、その主張は、教育基本法改正論者やいくつかの憲法改正案に見られるような「明治憲法」に帰れ、というようなものではない。そうではなくて明治憲法と昭和憲法の落差を埋め、さらにこれを発展させる、第三の立場に移行しようという提案である。

二〇〇五年四月、カソリックの総本山であるバチカンで、ヨハネ・パウロ二世の葬儀が執り行われた。この葬儀には各国首脳だけでなく、実に四〇〇万人を超える信者が詰めかけ、ローマは一時機能麻痺に陥ったと伝えられた。ローマだけでなく世界各国で追悼の儀式が執り行われ、これに参加した人を入れるとその数は何億人にも上るという。空前絶後。なぜこのように多くの人が別れを惜しんだかは、彼がバチカンの頂点にあったというだけでは説明できない。彼は何よりも平和の使者であった。ナチスの暴虐に対して、スターリン社会主義の圧制に対して、そしてブッシュの理由なきイラク戦争に抗議した。またEU憲法に、しかも、その前文に平和の使徒としての「キリスト」の復活を掲げることを主張したからである。

バチカン、イタリア、あるいはポーランドなどの主張によれば、「キリスト」こそEUの他にないアイデンティティであり、それは平和のシンボルであった。この提案は政と教の厳格な分離を唱えるフランスなどの反対によって実現しなかったが、それでも前文に「今も欧州の遺産に顕在する価値は、……このような文化的、宗教的、人道的な欧州の継承遺産に刺激を受けた」とされ、かつ具体的には、第II部連合基本権憲章のII‐一〇条で「あらゆる人は、思想、良心および信教の自由の権利をもつ。この権利には、信教もしくは信念を変更する自由、ならびには信教もしくは信念を、単独もしくは他人との共同でおよび公的もしくは私的に、礼拝、教導、行事および儀式において表明する自由が含まれる」、同II‐二二条で「連合は、文化、宗教および言語の多様性を尊重するものとする」などと定められた。

これは、先に分類した第二の立場、すなわちそれぞれの宗教が独立して活動することを認め、それが国家の活動と抵触する場合には、イタリア・ドイツ型のように互いに、「宗教条約」を結び、それぞれの活動範囲などを定める、という原則を許容するであろう。これが二一世紀憲法のとるべき政と教に関する第三の立場であり、その背景にある哲学は国民も国家も宗教に対して「寛容」でなければならないというものである。

三　死ぬ権利はあるか

自　殺

最近、インターネットで知り合っただけの男女が、自動車の中に練炭を持ち込み集団自殺するという事件がおきた。この事件は自殺のしかたの異様さにより社会問題となったが、日本では自殺そのものはもう事件ではないようだ。このようなインターネット自殺はその後もいわばリレー式に発生しているが、マスコミももう珍しくもないとしてほとんど報道しなくなった。自殺者は表17の通り、日本の平均値と見られてきた二万人を超え、一九九八年以降三万人台に突入し、一向に減少する傾向を見せない。特に重要なのは、この増加分には最近の世相を反映して、四〇代から五〇代の男性のそれが目立つことである。自殺者の数はよく交通事故と比較して語られる。交通事故による死者の数は概ね一万人以下に抑えられつつあるのに対し、こちらは年々増加している。ちなみに三万人というのは市町村の規模でいえば市に匹敵し、このまま一〇年たてば三〇万人、つまり県庁所在地ひとつがすっぽりと消えるというような異常事態だ。

自殺者増加の原因は、将来不安にある。中高年の大きな自殺要因であるリストラによる生活苦は今後も確実に継続される。リストラとも関連する消費者金融の動向にも目を向けると、高利子であることを承知しながらこれを利用している者一〇〇〇万人、内訳を見ると、サラリーマンではおよそ返済不能ラインといわれる二〇〇万円を超えるものが三〇〇万人を超えている。その中から毎年二〇万人が裁判所で破産の宣告を受けている。二〇万人というのは県庁所在地一つ分、一〇年たてば二〇〇万人が破産するということだが、これは政令指定都市（一〇〇万人。仙台市、千葉市など）二つ分の人口が破産するという勘定だ。不安はもちろん金銭だけではない。両親の介護、夫婦と子供の関係、地域や社会との適合などすべての分野でひび割れが発生している。これらは個人の

表 17　年次別自殺者数

区分 / 年次	自殺者			自殺率		
	総数	男	女	男女計	男	女
昭和 53 年	20,788	12,859	7,929	18.0	22.7	13.6
昭和 54 年	21,503	13,386	8,117	18.5	23.4	13.8
昭和 55 年	21,048	13,155	7,893	18.0	22.9	13.3
昭和 56 年	20,434	12,942	7,492	17.3	22.3	12.5
昭和 57 年	21,228	13,654	7,574	17.9	23.4	12.6
昭和 58 年	25,202	17,116	8,086	21.1	29.1	13.3
昭和 59 年	24,596	16,508	8,088	20.5	27.9	13.2
昭和 60 年	23,599	15,624	7,975	19.5	26.3	13.0
昭和 61 年	25,524	16,497	9,027	21.0	27.6	14.6
昭和 62 年	24,460	15,802	8,658	20.0	26.3	13.9
昭和 63 年	23,742	14,934	8,808	19.3	24.7	14.1
平成元年	22,436	13,818	8,618	18.2	22.8	13,8
平成 2 年	21,346	13,102	8,244	17.3	21.6	13.1
平成 3 年	21,084	13,242	7,842	17.0	21.7	12.4
平成 4 年	22,104	14,296	7,808	17.8	23.5	12.4
平成 5 年	21,851	14,468	7,383	17.5	23.6	11.6
平成 6 年	21,679	14,560	7,119	17.3	23.7	11.2
平成 7 年	22,445	14,874	7,571	17.9	24.2	11.8
平成 8 年	23,104	15,393	7,711	18.4	25.0	12.0
平成 9 年	24,391	16,416	7,975	19.3	26.6	12.4
平成 10 年	32,863	23,013	9,850	26.0	37.2	15.3
平成 11 年	33,048	23,512	9,536	26.1	37.9	14.7
平成 12 年	31,957	22,727	9,230	25.2	36.6	14.2
平成 13 年	31,042	22,144	8,898	24.4	35.6	13.7
平成 14 年	32,143	23,080	9,063	25.2	37.1	13.9

注：自殺率＝自殺者数÷人口×100,000
（人口は，総務省統計局の人口推計月報（毎年 10 月 1 日現在）の総人口に基づく.）
警視庁生活安全局地域課「平成 14 年における自殺の概要資料」平成 15 年 7 月.

力だけでは解決困難である。そのため人々は信教の自由に見たように、一方では「すがる」「祈る」などの形で個人的な救済を求めると同時に、他方では、国民の安心や安全を確保するという自治体や国の義務を具体化する年金、医療、福祉などの制度の充実を求める。しかし、自殺はこの個人的救済も国や自治体の制度的救済も働かない、ということを示しているのだろう。人を殺す最大の政策が戦争であるが、戦争による犠牲者がいなくなった戦後日本で、驚くべき数の死者を出しているという意味で、これは非常事態と捉えられるべきではないか。

にもかかわらず、命の相談など市民の有志が細々と対応しているだけで、日本ではこのような観点から自殺を取り上げるという動きは国民からも政府からもほとんどない。自殺は明らかに社会的な原因を持つにもかかわらず個人の不祥事とされ、社会全体として閉じ込められている。もっと言えば、国民も自殺は本人が自分で決断したのだからどうしようもない、仕方がないとし、国家に対してその対策を求めてこなかったのである。この「閉じ込める」という操作は、実にたくみに法的にも保障されている。

法による閉じ込め

法的にはこの問題を二つの方向から見ることができる。ひとつは憲法論であり、この問題は憲法一三条の幸福追求権の中の自己決定権として考えられている。もうひとつは刑法の「自殺＝無罪」の規定である。それぞれ自殺をどのように考えているか、まず憲法から見ていこう。

自殺とは、言うまでもなく自分で自分の命を終了させることである。しかし、人は自分で自分の命を終了させることができるのか。もう少し厳密に言えば、命も自己決定権の対象だろうか。この論点に関連して、最近は自殺だけでなく、脳死、尊厳死、安楽死、堕胎、広げればクローンまで医学技術の発展とともに人の生死にかかわる様々な問題が噴出するようになった。それぞれ適用場面や第三者との関係などを含めて一律に論じることは出来ないが、根底には死（あるいは生）と自己決定権の問題がかかわっている。

法的な最終的根拠は憲法であり、この根拠として一三条の「すべて国民は、個人として尊重される。生命、自由及び幸福追求に対する国民の権利については、公共の福祉に反しない限り、立法その他の国政の上で、最大の尊重を必要とする」という規定があげられる。

著名な憲法学者である京都大学教授の佐藤幸治はこの幸福追求権について、「人格的自律の存在としての自己を主張し、そのような存在であり続ける上で必要不可欠な権利・自由を包摂する包括的な主観的権利」であるとし、これを基幹的な人格的自律権と名づけ、この権利を、生命身体の自由、精神的活動の自由、経済的活動の自由、名誉権やプライバシー、そして人格的自律権の五つに分類した上で、最後の人格的自律権を自己決定権とし、単なるプロパガンダではなく実効的な効力を持つ権利と定義した。[22]そこで、このうち自己決定権についてみると、内容は大きく二つに分けられている。

ひとつは、自己の生命、身体の処分にかかわる事項であり、これらのものとしてインフォームド・コンセント、治療拒否、尊厳死、脳死、安楽死、自殺がある。これらについて佐藤は、「限定されたパターナリステックな制約。基本的人権ないしは人格的自律権（自己決定権）の大前提には、生きるということは尊いことであるという考え方があり、自律権の行使といっても、そのときそのときの自律権の行使と人の人生設計全般にわたる包括的ないし設計的な自律権の行使とに大別でき、後者の観点から前者が抑止されることが例外的に認められることがありうるということである。回復が不可能な苦痛が伴うような場合、本人の明確な意思の元に『延命治療拒否』（品位ある死）を認めうるのは、人の人生設計全般にわたる自律を問題とすべき余地がもはや存在しないからである」としている。

もうひとつは、家族の形成・維持なりプロダクションにかかわる事項としての避妊や堕胎と、その他として服装・身なり、喫煙・飲酒、登山・ヨットなどであり「こうした事項は人によっては大事なものであるが、それ自体正面きって人権かと問われると、肯定するのは困難であろう。が、こうしたさまざまな事項が人格の核を取り囲み、全体としてそれぞれの人のその人らしさを形成している。したがって、こうした事項にも、人格的自律を全うされるための手段として一定の憲法上の保護を及ぼす必要がある場合がある」とする。佐藤の考え方は難解でわかりにくいが、私なりに要約して言えば、自己決定権に重点を置き、脳死、尊厳死から服装・身なりまで、それが真の自己決定である限り大筋ではそれ自体として許容されるのではないか、というような立場と理解してよいのだろうか。

一方、刑法は自殺について、

「人を教唆し若しくは幇助して自殺させ、又は人をその嘱託を受け若しくはその承諾を得て殺した者は、六月以上七年以下の懲役又は禁錮に処する」（刑法二〇二条）

としている。これは、自殺した本人はなんら罪にはならない[23]が、これを何らかの方法で援助したものは有罪となるという、いわゆる正犯なき犯罪の規定である。日本の刑法が何故このような規定となっているのか。

「自殺を犯罪とする思想は、古くは諸国に行われた。たとえば、ローマでは兵士の自殺未遂は犯罪とされたし、中世においては、キリスト教の影響によって広く自殺は罪とみられ、自殺者の死体に対しては不名誉な埋葬が課せられてきた。しかし、ヨーロッパ諸国では、一九世紀以来、自殺による生命の放棄には、法的に干渉しない態度が一般化し、今日では、イギリス及びアメリカ合衆国の多くの州その他英法系の若干の諸国を除くほか、自殺は犯罪とされていない。わが国でも、江戸時代に、公事方御定書では罰していたが、旧刑法及び現刑法では、自殺を犯罪としない態度をとっている[24]」。

なお詳しく刑法上の理論的な根拠を見ると、可罰的違法性が認められない（自殺も一般的法秩序の上から、命を放棄するものとして是認することは出来ないが、刑法で罰するほどの違法性はない）という説と、責任阻却（違法であるが、これを非難することは出来ない）という説とがある。

それでは何故援助した者（共犯者）が罰せられるかというと、それは他人の生命を否定する行為の一種であり、本人自身の自殺行為とは異なり、むしろ可罰的違法性があるというのである。ここでも自殺は本人自身の行為として限定的に捉えられ、その範囲内で刑法的に理論構成されているという意味で、先にみた自己決定権と類似し、さらにその自己決定権を刑法的により精緻化していると見ることが出来るだろう。

すなわち自己決定権の行使としての自殺は憲法上保障されている。したがって憲法の下にある刑法は、違法性や責任性を論ずるまでもなくこれを罪として罰することは出来ないとされるのである。

宗教と死

以上検討してきたように、日本の法の下では自殺は合法であり無罪である。しかし、そもそも人は本当に自己の命を自分で決定することが出来るのであろうか。この問いには人類発生以来、宗教あるいはそれを含む文化全体としての「生と死」に関する苦闘の歴史がかかわっている。

まず死を最も深刻でかつ根本的な命題として扱ってきたのは宗教である。死という事実がなければ宗教は存在し得ない。

たとえばキリスト教は、「ですから、だれも人間を誇ってはなりません。すべては、あなたがたのものです。パウロもアポロもケファも、世界も生も死も、今おこっていることも将来起こることも。一切はあなたがたのもの、あなたがたはキリストのもの、キリストは神なのです」(コリントの信徒への手紙より)として、前半では自己決定権を認め、後半では一転して、神と一体であることを根拠にして、自己決定権に否定的な立場となっている。木村利人の『先端医療技術とバイオエシックス』は、この観点からこれまでのキリスト教の歩みと、先端医療技術、人工授精・体外受精、人工妊娠中絶、クローン人間、脳死、安楽死と尊厳死、ホスピス、エイズ、自殺、死刑制度を関連させて検討した[25]。もちろん、論者や時代によって違いはあるが、キリスト教では大方は自殺を含む人工的な生と死については否定的だと見てよいだろう。仏教や神道も、もちろん、一言では紹介できないが、脳死と臓器移植に関して紹介、主張された哲学者梅原猛に代表されるように、総じて否定的のように思われるのである。

人は一人では生きられない

人は何故自殺するか考えてみよう。これについてもたくさんの研究がある。これらをみると、いわば個人的な自殺と、社会的な自殺に大別され、後者が増えてきていることは前に見た。例えば精神医学者の平山正美『死生学とはなにか』(日本評論社、一九九一年)は、自殺の自己決定は、いわば自由になされるのではなく、個人的なものと社会的なものを問わず、またその原因がどこにあるかも問わず、いうまでもなくほとんどが追い詰められてやむなく決定されているという。そこには、当然のことながらその人なりのドラマがあり、そのドラマはそれぞれ個性があり一概に言えないが、「自由意志の下に行われる完全な自己決定」とは程遠い、ということは確かなようである。このことは、自殺無罪の最大の根拠である自己決定権は濫用されてはならないということを教えている。

もうひとつ、今度は反対に「生きる」ということをみてみよう。

人は誰でも誕生以来、様々な社会関係を結ぶ。それはその人にとって付属的な事柄ではなく本質的なことである。人は、両親、兄弟、親戚、学校、地域、会社その他の社会的関係を結び、生きていく。このどれをはずしても生きていくことができない。人の命は自分の命であると同時に、このような社会関係を結ぶ他者の命でもあるのである。人は一人では生きられない、というのは、他者から見ても命である、という意味において真実であろう。自殺は他者に対するマイナスをもたらす。自殺は神や他者に対する背信である。また、その決定は「完全な自由意志」で行われるわけではない、というようなことを考えると、自殺を無罪とするにはまだ多くの問題がある。そこで、それは神および社会に対する背信として、あらたに論理構築されるべきであり、そこから自殺に対する政策も生まれ出る。

1　人は誰でも生きる権利を有している。しかし、死ぬ権利はないとしなければならない。

2　自殺を自己決定権を媒介として幸福追求権の中に位置づけてはならない。幸福追求権は生きる、ということに向けたものであり、また自殺を図ろうとしているものに対して「生きていく」ということを要請し、また他者、すなわち社会も、これを支援し制度的な構築を図る義務がある、と解釈すべきである。もし憲法一三条の文言が、このような解釈を許さない、というのであれば、それこそ憲法を改正して新しい規範を規定しなければならない。また、刑法でも、もちろん自殺が完成してしまえば、犯罪の主体が存在しなくなるので処罰できないが、自殺することそれ自体は、命に対する罪として有罪とすべきである。この有罪という認定は、未遂の場合に効果を生む。刑法上自殺は有罪となるのであるから、その場合、行為者は「罪」を負うべきであるが、その処遇は、通常の刑罰である懲役・禁錮刑（閉じ込められた空間での作業の強制される刑罰と作業が強制されない刑罰）や罰金刑などとは異なるものとすべきである。

おそらく「生きる」ということの大切さを教える教育刑が中心となる。

3　このように憲法や刑法の考え方を逆転させた上で、私たちは「生きるための政策」を造らなければならない。それは、本人、家族、友人その他からの「命の相談」から始まる。ついで、本人に対する必要な援助（医療、金員、環境、仕事などの提供のほかにさまざまな負担の軽減）を考慮しなければならない。確かに、必要な措置の提供や負担の軽減は、いくらかボランティアによって実現することもあるが、最終的には公費、すなわち国民の税金をそのようなものにも投資しなければならない。自殺は、医療や介護、あるいは生活保護、さらには災害の場合の緊急援助など、さまざまな現行の援助（間接的には自殺と関係する）を超えたところに存在する。生活苦の果てに行われるもの、金などと無関係に内面から行われる自殺、作家三島由紀夫のように特異な哲学に基づくパフォーマンスとして行われる場合も、もちろん安楽死など生きている本人を「救済」するためにやむなく取られる死もある。これらの個別事情を考えると、従来型の対策ではどうにもならない、ということも真理である。しかし、それにもかかわらず、それらを含めて、それと共存する社会を創っていくというのが政策の基本となるべきである。

4　最後の問題は、他人を救済するための自殺（自死というのが適当かもしれない）をどうするかということである。これについては、今のところどこにも確定的な結論は見当たらない。

まずは宗教界。大きく言えば宗教界は、自分だけで完結する自殺というものに対しては否定的であった。しかし、他人を救済するための死については、否定するどころか、神の意思にかなう志高きもの、あるいは文字通り、慈悲利他の利他としてむしろ推奨されるべきこと、として扱われることもある。

専門家の議論ももちろん単純ではない。

医学界はどちらかといえば、医療技術の向上とあわせて、他人の命の復活のための意味ある死を強調しようとしている。これに対して、法学界はあくまで当人の死を客観的に捉えなければならないので、脳死は死ではないとして生を強調している。意見は分裂し対立する。ちなみに言えば、国会では「脳死法」の制定に当たって、自民党・与党と民主党・野党というような対立は壊され、むしろ党派を超えて、賛成と反対に分かれたというのが実情であった。当事者の利害はもっと鋭く対立する。堕胎あるいは代理母が許されるかどうか、などという問題もこれと同じような性格を持つ。

これらは、世界的に見ても大きく意見が分かれ、誰も決着がつけられないのである。そこで、たった一つだけ言えることがあるとすれば、これらの問題の考え方あるいは対処の仕方について、国民全体にかかわるルールである「憲法」の中に、「生きる権利」は認められるが、「死ぬ権利」はない、と規定されれば、これらの問題の議論の仕方について、質的な変化が生まれるのではないかということである。少なくとも、生と死は憲法上ももっと丁寧に慎重に扱われなければならないというテーマだと自覚しなければならない。

第5章

自衛隊と危機管理

イラクで警備にあたる自衛隊員．後方は自衛隊を援護するオランダ軍の兵士（毎日新聞社提供）

憲法九条

自衛隊は戦後長い間、憲法問題の中心であり、自衛隊をめぐって様々な論争がくり返されてきた。各種憲法改正案でもそれは「花形」である。自衛隊は憲法九条の解釈論とともに約五〇年、日本社会に定着し、いまや遠くイラクのサマワに駐屯している、という事実がある。これをどう考えたらよいか、以下、論点的に見ていくことにしたい。

日本国憲法第九条

1　日本国民は、正義と秩序を基調とする国際平和を誠実に希求し、国権の発動たる戦争と、武力による威嚇又は武力の行使は、国際紛争を解決する手段としては、永久にこれを放棄する。

2　前項の目的を達するため、陸海空軍その他の戦力は、これを保持しない。国の交戦権は、これを認めない。

九条をめぐる解釈は大きく三つに分けられる。

(1)　一項全面放棄説

第九条第一項でおよそ一切の戦争と、武力による威嚇及び武力の行使を放棄した。「国際紛争を解決する手段としては」という文言は、放棄しようとしている戦争・武力行使等に何らかの限定を加えないということだ。「国際紛争を解決する」ためでない戦争はありえない、侵略戦争といわゆる「自衛戦争」を区別するのは実際上極めて難しいことなどを論拠とする。これはもともと憲法制定直後、当時の総理大臣吉田茂なども主張していた解釈であり、当時はほとんどの国民がそのように受け取っていた（宮澤俊義、清宮四郎、樋口陽一等）。

(2)　一・二項全面放棄説

国が存在するということは国が襲われたときは反撃できる権利を持っているという説である。自衛権は国家の本質的権利であり、憲法もこれは放棄していない。九条第一項は、「国際紛争を解決する手段」としての戦争＝侵略戦争を放棄したのであり、一九二八年の不戦条約等国際法の「国際紛争を解決する手段」としての戦争を禁止するという言い方は、専ら侵略戦争の禁止を主眼とし、「自衛戦争」を留保してきている。

しかし、第二項において無条件に戦力不保持が規定され、交戦権も否認されているため、「自衛戦争」を行うことも「制裁戦争」に参加することも不可能であり、結局第九条全体として一切の戦争を放棄したことになるのである（佐藤功、小林直樹、芦部信喜等多数説）。

(3)　限定放棄説

(2)説と同じく、第九条第一項は、「国際紛争を解決するための手段」としての戦争、すなわち侵略戦争を放棄したのであり、「自衛戦争」や「制裁戦争」までは放棄していない。また、第二項の「前項の目的を達するため」とは、第一項の侵略戦争の放棄というだけで、自衛戦争は放棄していない（佐々木惣一、大石義雄、小林宏晨、西修等）。

なお、政府見解は、第九条は自衛権を否定せず、自衛権が認められる以上、「自衛のため必要最小限度の実力」すなわち「自衛力」を保持することは当然に認められ、自衛隊はこの「自衛力」であるとしてきた。

政府見解は、憲法第九条第二項において無条件に「戦力」不保持が規定され、第九条全体の解釈としてすべての戦争が放棄されているという点で、(2)の説と重なる。しかし、「自衛のための戦力」とは異なる「自衛力」（「自衛のため必要最小限度の実力」）という概念を設定し、「戦力」を保持することは許されないが、「自衛力」を保持することは憲法第九条に反するものではないとし、(2)の学説とは違って、自衛隊の存在を合憲としている。

しかし小泉内閣になって、自衛隊は自衛力というより戦力であるとされるようになった。戦力イコール軍隊である。とすれば、少なくともこれまでの政府見解とは異なって、それだけで違憲の疑いがあるだけでなく、「非戦闘地域」における「復興協力」とはいえ、自衛隊に武器を持たせて海外に派遣するのがなぜ合憲なのか、激しい論争が起こるのも当然といえよう。世論も周知のように多くの人が海外派遣に疑問を抱き、自衛隊をどうするかという点についてもほぼ五分五分で護憲と改憲に分かれているというのも現実である。だから改正論が出てくるのだといわれればそれまでだが、最近は圧倒的な既成事実の積み重ねの中で、憲法解釈などいくらやっても無駄だというような諦念も入り交ってきている。

そこで、各人はこの「自衛隊」についてどう対処しようとしているのか。まず、各種憲法改正案をみてみよう。これによると、日本国には固有の「自衛権」があり、この「自衛権行使」のために「軍隊」（自衛隊）を持つことは当然であるという点で共通しているようである。問題は、この「自衛権」の内容と程度であり、前者についていえば、わが国単独の自衛権はもとより、わが国と同盟関係を結ぶ国々に対する攻撃も、わが国に対する攻撃とみなして、「集団的自衛権」を行使する権利を認めるか否か、さらには、この権利を憲法上に規定するかどうか、という点である。後者は、「軍隊」（自衛隊）の戦力の質にかかわるものであり、そこにも現在の自衛隊の質量を想定するものから、極端に言えば「核武装」まで様々にありうる。さらに、これらの権利の行使方法についても、わが国単独の意思決定で行えるとするものから、「国連決議を経る」というように、国際的手続を遵守するというものまで多様である。総じていえば、ここでも本書の冒頭にみたような「各議院の三分の二以上」という条項を意識してか、タカ派的な意見はどんどん影をひそめ、少なくとも、改正案の文言上は、「自衛権と自衛隊」を認めるにとどまり、「集団的自衛権」まで憲法上に記載しようという意見は、極めて少数になっているようである（なお、自衛権については、これを単独の自衛権と集団的自衛権とに分けて議論するということそのものがナンセンスであり、自衛権を規定すれば、集団的自衛権も当然含まれるので、あえて規定する必要はないという意見も有力になってきている）。

私は、今後かつてのような「一国ナショナリズム」を前提とした国家と国家の主権をかけた戦争は起こらないと考えている。また起こさないよう憲法上規定すべきだと考えている。しかし、主権の行使というものではないテロ、あるいはテロに匹敵するような災害は今後も起こり得るし、これに対する対策は、憲法上も明確に規定すべきだと考えるものである。そこでまず、現実の自衛隊はどういう状態にあるか、という点を少しだけみておくことにしよう。これは自衛隊を軍隊として憲法に書きこむという時に、最低限確認しておくべき事実である。

植民地の海軍

自衛隊は米軍と補完関係にある。アジア太平洋地域に展開する米軍戦力をみるとそのことがよくわかる。米軍総兵力一三七万人のうち、アジア太平洋地域に展開する兵力は九万人。なかでも在日米軍は約四万人とおよそ半分だ。四万というのはかなり多いが、その中身を見ると、日本に駐留する米軍の総兵力のうち陸軍戦力は一八〇〇人程度に過ぎない。ほとんどが海上の艦船を勤務地とする海兵隊である。ちなみにオーストラリアに駐留する米軍はわずか一八八人、フィリピン、タイ、シンガポールなど東南アジア諸国のそれをすべて足しても五〇〇人に満たない。在韓米軍すら約三万七〇〇〇人でしかない。その陸軍には、米陸軍の主力戦車M1はおろか、戦闘車両（FV）は一両もなく、上陸してくる敵を内陸で迎え撃つ米陸軍主力戦闘ヘリ・AHアパッチもない。

基地防御はどうか。在日米軍は、作戦機約二〇〇機、第七艦隊を主力とする艦艇四〇隻を日本国内に置いているが、基地防空を担うパトリオットミサイルの配備もなければ、周辺海域の安全航行を確保するための掃海部隊すら保有していない。なぜか。

それは、日本国内の米軍基地は航空自衛隊のパトリオットミサイルのカバーエリアにすっぽりと収まっているからだ。すなわち在日米軍基地の防空は、航空自衛隊がその任務を担っているのだ。

タイコンデロガ級イージス艦（写真：U. S. Navy）

海上自衛隊は、陸上自衛隊や航空自衛隊よりもさらに米軍とのつながりが強い。日本は長大なシーレーンを持ち、本来ならば海上自衛隊は対潜能力のほかに対空戦闘能力の充実が必要と言われ、そのためには二~四隻程度の航空母艦を保有して洋上防空を行うのが理想とされる。ところが、海上自衛隊が防空能力向上のために導入したのは空母ではなく、空母を守る「艦隊の盾」、イージス艦だった。

イージス艦とはイージス・システムを搭載する巡洋艦・駆逐艦の総称である。

世界で米海軍と海上自衛隊にしかないこの防空システム艦は、米海軍では空母機動部隊の防空のために運用されてきた。海上自衛隊のイージス艦の主任務が米空母の護衛であるとの見方は強く、アメリカが日本だけにこの高度な軍事技術を提供した理由はここにあると考えられる。

ノースロップ・グラマン社のB2ステルス戦闘機（写真：U. S. Air Force）

海上自衛隊は揚陸や沿岸警備、その他海軍の任務を犠牲にしてまで、異様に対潜能力を高めてきたが、これは冷戦当時米第七艦隊の最大の脅威であるソ連の潜水艦に対処するためだった。そのかわり、制空権、対艦攻撃などは米第七艦隊に任せている。それゆえ、海上自衛隊の護衛艦隊は第七艦隊の盾などと揶揄されている。これではあたかも植民地の海軍のようであり、独立国の海軍とは言えないのではなかろうか[26]。

圧倒的な戦力

自衛隊はいわば植民地の軍隊である。それでは親分であるアメリカの軍事技術とはどれほどのものなのか。アメリカの圧倒的な軍事力は、国家と国家の争いというかつての「戦争」観を一変させるほどのレベルに達している。それを世界中に見せつけたのが、アフガニスタン戦争とそれに続くイラク戦争だ。そこには軍事技術の変化が大きく係わっている[27]。一つは精密誘導兵器（Precision Guided Munitions：PGM）の能力の向上と大量使用だ。平成一四年度の防衛白書によると、アフガン戦争ではPGMが約二万発使われた（使用率六六％）。PGMの能力向上により、はるか遠方から目的に二

表18　18×30m目標の破壊に要する航空戦力

戦　争	爆撃機	必要機数	爆　弾	必要発数	CEP
第2次世界大戦	B-17爆撃機	1000機	250lb（113kg）	爆弾9000発	
ベトナム戦争	F-4戦闘爆撃機	30機	500 lb爆弾	176発	CEP 122m
現在	F-117ステルス攻撃機		2000 lbレーザー誘導爆弾	1発	CEP 3m

メートル、三メートルの範囲で命中するようになった。かつての戦争と比べて、必要とする爆弾の量も爆撃機の数も桁違いに少なくなっている。

二つめは無人機（Unmanned Aerial Vehicle：UAV）の活躍だ。敵のレーダー網をかいくぐるステルス技術は他国の地上の様子を至近距離で撮影し、衛星を経由して作戦本部まで送信することを可能にした。かつては、国家は領海、領土に排他的主権をもつ、すなわち許可しない限り外部のものを入り込ませない権利をもっているとされていたが、この技術によって「境界線で定められる国家」が変容されてしまった。国境線を破ってどこかの国の爆薬を積んだUAVが、突然頭上に現れる。

この技術の前に国境は意味を失う。これこそ、戦争技術がもたらしたグローバリゼーションだ。

三つめは、これらを補助するネットワーク技術の発達である。例えば、作戦を遂行するための会議は、前線の指揮官から統合参謀本部議長まで、中央軍を含めてネット会議で行われ、衛星から撮った画像情報、前線の部隊の移動状況、爆撃の成果、現在の敵のデータ、移動情報、静止画像、音声、これらを混成したものが各自のラップトップコンピュータの画面に即座にでてくる。戦場認識を前線の指揮官から将軍まで同時共有することにより、作戦速度が革命的に速くなった。

さらに四つめが爆弾の進化だ。アフガニスタンで使用されたディジーカッターという大型爆弾は、一発で野球場五つ分ぐらいの空間を破壊する。そしてクラスター爆弾。これは親爆弾が爆発して、二百個ほどの子爆弾が散らばるというものだ。そしてそのうち一割から二割が不発になり、その不発弾が事実上地雷化し、ひとたび落とされると投下された土地が使いものにならなくなる。これらの技術の前で、アメリカに対抗できる勢力はなくなっているのである。つまり、世界中の国々が一国主権の名の下、それぞれの主権をかけて戦うという前提それ自体が失われてしまっているのだ。

自衛隊は何をする組織か

そこでこのようなアメリカ（とこれと一体となっている日本）の圧倒的な軍事力を前提にして本書が提起する基本的な論点は次の三つである。

第一は、憲法九条にいう「国権の発動」としての「戦争」はいつどの国との間で起こるのか。

かつて自衛隊が発足したとき、この論点は「仮想敵国」はどこかということであった、当時は「ソ連」がそれであり、戦場は「北海道」とされた。しかし、いまやそのソビエト連邦は解体し、その脅威はほとんどない。常識的に見て現在の仮想敵国は「北朝鮮」である。最近の日本のミサイル防衛構想などを見てもそれは疑いないが、この仮想敵国と日米の軍事力の差は圧倒的であり、おそらくその戦争は数分で終了するだろうと言われている。もちろんゲリラは別にして、北朝鮮の正規軍が日本に上陸することなどもありえない。それでは次の仮想敵国はどこか？　この問いを「自衛隊」を九条に書き込む、あるいは集団的自衛権が認められるべきだと言う人たちに発してみよう。答えはいずれも「曖昧」である。「中国」あるいは「アメリカ」という答えも聞こえる。そうかもしれない。しかし、これを仮想敵国とするには限界がある。私たちの結論を先に言えば、私たちはこれらの国と戦争しない。もしそのような事態に至ったら、私なら「降伏」するであろう。理由は簡単である。もし日本がこれらの国と本気で戦争したら、その戦争は果てしもないものであり、しかもほとんど日本は勝てないと思うからだ。また、もし勝ったとしても、これらの国々を「占領」などできる筈がないのである。戦争とは、単に相手国の武力を破壊するということだけでなく、自国のルールに敵国をも従わせること（これが占領の本質である）だということを想起しよう。この二つの国に武力で勝利し、さらにこちらのルールに従うまで相手国を占領することが可能だなどと考える人はいるのであろうか。

そしてこれ以外の国々と日本は戦争する可能性があるのであろうか。たとえばEU、あるいはインド、その他、中東、南アメリカ、アフリカ。ほとんど想像すらできない。

第二は誰のために戦うのか。

明治時代の日清、日露の戦争、あるいは太平洋戦争など日本が行った戦争を「誰を守るために」という観点から見ると、これは簡単である。第一番目に「天皇」、二番目が「家族」、そして三番目が「日本の国土」である。しかし、この次にもし戦争が起きるとして、日本国民はこれらのために戦う（命を落としてもよいと考える）であろうか。

憲法改正論、あるいは教育基本法改正論の中に時々「愛国心」という言葉を見ることがある。この愛国心に対して「戦前復帰」の古いイデオロギーだという批判もあるが、ここではそこには深入りせず、単純に「国を愛する心」と考えてその実態を見ると、その良し悪しは別にして、そのような心は急激に失われていることは事実である。その原因として様々なことが挙げられるが、その一番に国はこれまで日本国民全体から「愛される」ようなことをしてきたかという問いをあげることができる。現在、多くの国民は、最近の不況のせいもあって国や自治体といったものを信じられないと感じ始めている。あらゆるアンケートを見ても、国や自治体の最も重要で本質的な責務とされてきた「安心や安全の確保」について、具体的に言えば、災害対策、年金や医療費などの安心ネットワーク、福祉などが今後も十分に実施されるとは誰も信じていないし、ますます不安を感じていく人が増えてきているのである。このような現実の中で、いくら君が代・日の丸を強制し、教科書を書き換えようとも、だから「国を愛する」とか、さらにはそのために「命」を投げ出す、というようなことには到底ならない。家族もいまや崩壊寸前である。もうひとつのわが国土に至っては、「愛する」などというものとは程遠いものとなった。ひょろひょろの杉だらけの山、ダムにさえぎられて死んだ川、さらにはテトラポットで囲われた海。ゴミだらけの陸地などなど、かつて日本のシンボルとされた富士山も今や、「愛する」などという感情とは程遠いものとなった。

第三の問いは、誰が戦争するのかということだ。抽象的にいえば、それは「国権」の中心である

「国」である。第一義的には自衛隊及びそれに準じる海上保安庁、警察、消防などである。しかし、有事法制などに見られたように「日本本土に敵国が上陸する」といったような事態になれば、避難などを含めてそれこそ全国民が巻き込まれる。そして戦争とは、戦争で死ぬことがありうる、明日はわが身だと覚悟するということなのである。しかし、イラクに自衛隊を派遣し、有事法制に賛成し、さらに今度は自衛隊を憲法に書き込むという人々は、明日はわが身だと覚悟して命を投げ出してもよいというのだろうか。多くの人は、とりあえず戦争は自衛隊に任せるものであり、自分とは関係ないと考えているのである。

九条改正論を唱える人々には、自衛権と集団的自衛権の取り扱いについて、いまだ様々な見解の相違がある。しかし、たった一つだけ共通している点がある。それは「徴兵制」、つまり強制的に戦争に駆り出すということは認めない、ということである。国民の反発を恐れてのことだろうが、それではこれだけ「自由」が認められ、経済的にもある程度の豊かさを持ち、しかもどこの家でも「一人っ子」になってしまった国で、徴兵制なしに戦争を遂行していくことは可能なのだろうか。

国民は戦争に参加しない。そしてこのような国民をバックにした自衛隊もおそらく命を賭して一致団結というわけにはいかず、たちまちばらばらになるだろう。これが多分国民の持っている素朴な問いである。しかし九条論はこのような素朴な問いに対する答えをほとんど持たないまま、論戦だけが盛んだ。そこでもう二つだけ、これらの議論に付き合っていくことにしたい。

国際貢献と国連軍

自衛隊に否定的ないわゆる護憲派に対して、改憲派はそれでは世界中の諸問題に対して日本は何もしなくていいのか、と論争を挑んできた。これが一九九〇年代以降の改憲派の主な武器（ロジック）だった。一九九一年の湾岸戦争の勃発はこの論点を急速に浮上させ、現実的にも政府は「国際貢献」の名の下、ペルシャ湾への掃海艇派遣、ＰＫＯ等協力法の制定など自衛隊の海外出動体制を整備していく。自衛隊や自衛権の問題を見ていくときに、この「国際貢献」とともに、もうひとつ絶えず出たり入ったりする議論が「国連軍」（あるいは「国連の旗の下に」）である。

この二つのキーワードは、前者は自衛隊の海外派兵の方向に、後者はそれを前提としながらこれにブレーキをかける方向への議論として持ち出されるというのが最近の日本での用語法である。「国際貢献」という言葉はいかにも耳にここちよく、それだけ聞けば誰も反対できない。そのため改憲勢力はこれをフル回転させた。

東ティモールに展開するPKFのオーストラリア軍（読売新聞社提供）

そのピークが例の九・一一事件である。政府はこれを千載一遇のチャンスにして、九条に触れずに自衛隊法の改正[28]や有事法制を整備した。本来ならば国論を二分するような一大憲法論争が起きてしかるべき法律が、国民がテロへの恐怖を持続するあいだ、あたかも国際貢献は憲法を越えるというような操作によってすり抜けられてしまったのである。

国際貢献とともにそれだけでは誰も反論できない議論が「国連軍」、あるいは「国連の旗の下で」というスローガンである。湾岸戦争は、いわゆる護憲勢力（彼らはこれまで、そこが戦闘地域であろうとなかろうと、また武器を携帯しようとしまいと、とにかく自衛隊が海外に出向くことは、「自衛権の範囲を超える」ので違憲としてきた）にも決定的な影響を与えている。日本が単独で海外に出て行くことは許されないが、国連軍としてなら「国権の発動」としての武力行使でないから憲法上も許される、もっといえば自衛隊を国連軍の一部隊として再編し待機させるという構想がこれに当たる。注目したいのは、この議論はディテールを除いて（たとえば、国連軍に組みこまれたとしてもなお日本は武力を行使しないという意見と、当然武力を発動するという意見がある）、大筋でいえば、この一点で護憲と改憲の双方が急速に接近しているのである。

それでは、それぞれの言葉が示している実態はどのようになっているのだろうか。この議論をするためには、国連軍や多国籍軍というものの実態をきちんと理解していなければならない。以下、国連軍、ＰＫＯ、多国籍軍、安保理についてみていこう。

(1) 国連憲章上の国連軍

国連軍の起源は、国連憲章第七章にある「国連の強制措置」である。これは、第二次世界大戦後、戦争が全面禁止される中で、国家間の武力行使として唯一の例外とされているものだ。では、国際連合発足時に考えられていた国連軍とはどのようなものであったか。

国際連合憲章第七章四二条以下の規定によれば、安全保障理事会は、侵略者ないし平和破壊者として認定した国に対して、経済制裁などの非軍事的強制措置の適用では不十分であると認めるときは、国際の平和と安全の維持または回復のために必要な軍事的強制措置をとることができることになっている。この軍事的強制措置のために編成される軍隊が、いわゆる「憲章上の国連軍」と呼ばれるものである。

そのために必要な兵力、援助及び便宜については、安全保障理事会が事前に同理事会と特別協定を締結している加盟国に対して要請することになっていた。ところが、安全保障理事会内部の意見不一致のため、実は未だに安全保障理事会とこの特別協定を結んでいる加盟国は存在していないのである。

したがって、本来の意味での国連軍は、これまで一度も編成されたことがない。なお、朝鮮戦争の際に編成されたいわゆる「国連軍」は、国連旗を掲げて戦ったものの、各加盟国が安全保障理事会の勧告に応じて自発的に編成されたものであり、国連憲章の予定していた国連軍とは異なっている。日本では「国連軍」というと、自衛隊の参加を含めて、オール免罪というような雰囲気があるが、まず国連軍そのものが幻想であることを押さえておく必要がある。

第四二条【軍事的措置】
安全保障理事会は、第四一条に定める措置では不充分であろうと認め、又は不充分なことが判明したと認めるときは、国際の平和及び安全の維持又は回復に必要な空軍、海軍又は陸軍の行動をとることができる。この行動は、国際連合加盟国の空軍、海軍又は陸軍による示威、封鎖その他の行動を含むことができる。

(2) PKO

国連軍は強制活動だが、もうひとつ、軍事要員を伴う活動ではあるが、非強制的な内容の活動を行う「平和維持活動（peace-keeping operation；PKO）」がある。これは軍事的監視団（休戦や国境紛争の監視団など）と平和維持軍（国内の治安維持のための警察活動的性格を有するもの）に分類され、通常、国連総会又は安全保障理事会の決議によって派遣される。

PKOには、国連憲章上は明確な根拠規定がない。強いてその根拠を挙げるならば、安保理事会及び総会がその任務の遂行に必要と認める補助機関を設けることができるということを定めた国連憲章第二二条及び第二九条を挙げることができる。「紛争の平和的解決」について定めた国連憲章の六章と「平和に対する脅威、平和の破壊及び侵略行為に関する行動」について定めた七章の間に存在する「六章半」の軍隊と呼ばれるゆえんである。

PKOは強制措置ではないために受入国の同意が必要であり、兵力の提供は加盟国の自発的意思に任されている。また、政治的には中立が必要であり、紛争当事者と係わりを持つことの多い大国は、関与を避けるべきものとされている。

指揮・編成は、国連事務総長が行い、経費は、通常経費の中から支出されるか、加盟国の特別分担、場合によっては自発的拠出によってまかなわれる。但し、国連の年間予算は日本で比較すると世田谷区役所程度の規模であり、PKOのための資金調達は多くの場合別途手当てせざるを得ず、この財政問題が即応性が必要なPKOの編成を阻む要因となっている。

現在国連は、事務総長による調停等を別にすれば、国際紛争の解決手段としては専らPKOに依っている。冷戦終了後、宗教や民族の問題から内戦や地域紛争が頻発するなど、世界はかえって不透明、不安定な状況になっていた。これに対して国際社会は国連平和維持活動（PKO）という形でコミットしていったのである。そして次第に従来の紛争の「抑止」から、紛争を未然に「予防」する、あるいは紛争が拡大するのを防ぐなどの「対処」や、戦場となった市民社会の「復興」という方向に変わってきたことに留意しておきたい。

第二二条【補助機関】

総会は、その任務の遂行に必要と認める補助機関を設けることができる。

第二九条【補助機関】

安全保障理事会は、その任務の遂行に必要と認める補助機関を認めることができる。

---

(3) 多国籍軍と安全保障理事会

そしてもうひとつ、国連軍やPKOと似たようなものとして「多国籍軍」がある。これは、前記のような国連軍が存在しないため、特に国連の安保理決議に基づいて、アメリカを中心として組織された軍隊である。湾岸戦争以降に多国籍軍が編成された一一の事例を見ると、国際平和と安全の維持に役立ったものもあるが、失敗に終わっているケースも多い。

最後に、多国籍軍に正統性のお墨付きを与えている安保理事会を見ておこう。これは信じられないくらい複雑である。

二〇〇五年、国連は発足六〇周年の節目を迎えた。この六〇年間で、国連の加盟国は五一から一九一と四倍近くに増えた。しかし、この世界機関で、地球社会の安全と平和を取り仕切れるのは安全保障理事会常任理事国の五カ国だけであり、この体制は一九四五年の発足時から六〇年間変わらない。常任理事国は拒否権を持つが、拒否権とは、常任理事国として義務を負わないことの表明だ。すなわち常任理事国は、他国の要求の妨害ができる権利があるというだけで、責任はない。つまり、安保理事国体制とは無責任体制なのだ。

こうした体制を改善するため、安保理改革が何度も議論されてきた。現在、新しい安保理を編成するためのフォーマットと考えられているのは、一九九七年の「ラザリ提案」だ。「ラザリ提案」とは、当時の国連総会議長、ラザリ・イスマイル（マレーシア）が安保理改革作業部会代表の資格で次のように要約したものだ。

① 現在常任理事国五、非常任理事国一〇からなる安保理のメンバーを常任一〇、非常任一四とする。
② 新常任理事国は拒否権を持たない。またそのうち二カ国は先進国から選ぶ。
③ 現在の常任理事国が持つ拒否権は、行使対象を憲章七章に限定する。

なお、このうち「先進国二」は日本とドイツをさし、新常任理事国候補はブラジル、インド、南アフリカ(あるいはエジプト)だというのが衆目の一致するところであった。しかし、これらの国々の「昇格」を阻もうとする国、例えばイタリアのような二番手国の結束と、背後にある常任理事五大国の強力な巻き返しによってこの提案は潰えた。

二〇〇四年から再びハイレベル・コミッティーで改革案が検討されている。これも基本的にはラザリ提案に沿ったものであるが、依然として反対する影の力は強い。

周知のように、日本の安保理事国入りもこのような国際政治、特に隣国である中国や韓国の反対の中で翻弄されている、というのが現実である。すなわち自衛隊論終結の切り札といわれる国際貢献も国連軍も、いまだそれには程遠いということを知っておかなければならないのである。

こうしてみてくると、国際貢献という言葉も、また国連軍という言葉も、自衛隊の海外出動の要件としてははなはだこころもとないものだということがわかるであろう。国際的な言葉や組織も、国際政治の真只中にあり、果たして何が正義か不正義か、貢献か侵略か、紛争の拡大か再発か不分明なことが多いということは、例のイラク戦争ひとつをとっても明らかなのである。日本が国際貢献や国連の名の下に果たすべき役割は、武装した自衛隊が海外に行くことではない。

本書冒頭に、ＥＵ憲法などを参考にしながら、日本を含むアジアでも相対的に「国家主権」は溶解していくと指摘した。勿論のことだが国家権力には、通常、外交権や通貨発行権などと共に、「軍事権」がある。ＥＵでも各国の軍事権と軍隊は次第に縮小されつつある。それでは軍事権が溶解していくとはどういうことか。ここでは私たちの提案をまとめておこう。

私たちの九条論

① 主権をかけた戦争は起こらない

国家と国家の主権をかけた全面戦争は、少なくとも日本を含む先進国間では起こり得ない。昨今のグローバリゼーションは過去と比べ、その規模と質において桁違いであり、あらゆる面において世界各地が高度に相互依存するようになっている。情報、マネー、物流、人、エネルギー、環境などなどそれは瞬時に地球を駆け巡り、ヒトの神経網のように地球の反対側の危機を即座に私たちの生活に直結させる。このような相互関係の下では、どの国でも戦争は忌避される。また、他国に対する攻撃は、仮に勝利したとしても自らの破滅につながることを覚悟しなければならないのである。

また、周辺国の状況を考えても、敵国が日本の領土に上陸して自衛隊と大規模な戦闘を行う可能性は限りなくゼロに近い。北朝鮮は、戦争対象国ではなく、アメリカ、中国とは戦争できないことは前にみた。

② 都市は戦争できない

日本は都市型社会である。日本人の約半数は、人口二〇万人以上の大都市に住み、都市には、道路、飛行場、上下水道、電気、ガスなど複雑なインフラが設置され張り巡らされている。また周知のように食料・エネルギーをはじめとして日本は生活の中枢部分を他の国に依存している。

最近、東京都の地震とそれによる被害の想定が発表された。そこには、何万人の死者、何百カ所での火災、そして帰路を失い帰宅できなくなってしまった何百万人の人といった数字が並ぶ。戦争もこれと同様だということをイメージしてみよう。電気、ガス、水道が止まり、道路が閉鎖され、食料が届かない。家を失った人々、死者や負傷者があふれ出る。第一、「水」すらそんなに備蓄されていない。この場合も国民はできる限りの応急処置をしながら事態が収まるのを待つ以外にない。地震の場合はそれでよいが、戦争の場合はそれでも敵と戦わなければならない。このような事態のなか、防衛庁長官や内閣総理大臣がいくら号令をかけても国民は動かないし、動けない。自衛隊もこれら国民の窮乏の前に敵と戦う以前に立往生してしまうだろう。国民は敵と戦う前に、このような事態を招いた政府を吹き飛ばしてしまう可能性もある。都市型社会では政府は戦争という政策を取り得ないのである。(29)

③ 国民は戦争に命をかけない

戦争とは命をかけて敵と戦うということである。どんなに軍事技術が優れていても安全な戦争などありえないことは、イラク戦争における米軍を見るとよくわかる。確かに米軍はイラクのフセインを叩くという部分については、優れた軍事技術によって、可能な限り人的被害を少なくしている。しかし、占領と統治体制に入るや否や、イラク武装勢力の自爆テロを含めたさまざまな抵抗にあって、多くの人命を失っている。

そもそも人は何のために「命」をかけるのであろうか。戦前、日本の軍隊は天皇と家族及び日本国土のために命をかけた。しかし、今日でははっきりいって、それらは死しても守るべき対象ではない。

それよりもある程度の豊かさ、あるいは自由の権利、そして良い意味でも悪い意味でもそれぞれの個人主義、さらには少子化の影響で各家庭には子供一人しかいないといった状況を率直に認めるべきであろう。この事実は、いくら「教科書」のなかに「愛国心」を書き入れても、もとにもどすことはできない。このようななかで、総理大臣が「命をかけろ」と命じても、外国に逃げていくことはあっても、そのままその命令に従うというようなことはほとんど考えられないのである。

④　危機管理は必要である

このように、国家の主権をかけた戦争が起こる可能性は限りなくゼロに近い。しかし、危機はいつ私たちの目の前に訪れても不思議はない。領空・領海の侵犯、密入国者による犯罪、テロなど、私たちは従来イメージしていた戦争とは別の危機にさらされている。また広い意味でいえば、地震、洪水、原発事故など、天災・人災を問わず、あらゆる危機が起こり得るし、それは都市の集積化とハイテク化によってこれまでと違った危険を孕んでいることも事実である。こうした危機に対処するため、国土交通省や厚生労働省、消防庁といった個別の官庁ではない専門機関としての危機管理庁（仮称）の設置と、それにプラスして、警察、消防あるいは海上保安庁といった従来からの危機管理部門と自衛隊を含んだ再編を行い、さらにこの危機管理体制を確立するために、憲法に危機管理について書き込む必要がある。

危機管理庁の設置

都市型社会には、危機管理の中心が必要である。これが危機管理庁であり、危機管理を担当する各省庁の諸部門、あるいは担当官を一つの組織の下に再編し、アメリカのように市民、ＮＰＯとの連携も視野に入れた組織と仕組みを作る。その設置に当たっては、危機管理に関する法律、予算、組織などの整備と、直接被害を受ける自治体や市民が参加した包括的な危機管理プランを作成する必要がある。長期的には、ダムや原発への過度な依存をやめ、都市をこれ以上巨大化させないで、災害に強い都市、緊急時に逃げ場のある都市づくりなどを行っていく。自らの意思で自らを守るのが自衛である。そうした意味で危機への対処も自己決定の範疇に入る。

地域的な危機には自治体や市民が中心的に対応すればよいが、大規模な対策が必要となる国レベルでの危機に際しては、内閣総理大臣に強大な権限を与えなければ対処できない。省庁横断的で迅速なリーダーシップが必要とされるからだ。先にみたＰＫＯ的な事態には、この危機管理、特に

「国際的な危機管理」として、自衛隊を含めた危機管理部隊（例えば、もしイラクにおいて水道施設や学校の復旧などの必要がある場合には、自衛隊が先にではなく、危機管理部隊としての国土交通省や文部科学省などの部隊が主となり、自衛隊は、必要であればこれら主力部隊を護衛する組織とする）が派遣されるのである。そして二一世紀の憲法には、たとえば後述するドイツ基本法のような危機管理に関する条項を置く必要があろう。国レベルでの危機に際して内閣総理大臣のリーダーシップを認めること、事前・事後の強力なチェック体制を敷くこと、市民の抵抗権を認めること、こうした内容を憲法の条文に書くのである。また裁判所についても、危機に際して権力の暴走が起こった場合、権力（特に行政）に対し厳しいチェック機能を働かせる必要があり、それには、これに対応する非常時裁判所、憲法裁判所の設置が不可欠となる。

⑤　アジア憲法

戦争とは、国家と国家の闘いであり、国家は、それぞれ国境線で区切られる一定の領土をもっている。端的にいえば、この国境こそ、戦争の最大原因である。EUは、そもそも戦争を避け、平和を確実なものにするために、この「国境地帯に広がる鉄鋼等の資源を持っている地域」（ドイツとフランスはその支配権をめぐって一〇〇年間戦争をした）の「共同管理」から始まった。日本も中国との間で尖閣諸島、韓国との間で竹島、そしてロシアとの間で北方四島などの領土問題を抱えている。

戦争をなくす道は、「国境」をなくすことであり、日本もアジアの国々との間で、EUのような「国境の消滅」を含む「アジア憲法」を構想していくべきであろう。

⑥　九条二項論

それでは私たちは憲法九条をどうすべきか、この点について考えてみることにしよう。

第一に、今回の憲法改正論は、ずばり言えば、まさにこの九条をめぐるものであり、本書冒頭に見たように、自民党はもちろん、経済界、そして民主党まで九条の、特にその二項（一項は現状維持）を改正し、新たに「自衛隊（あるいは軍隊）」を明記すべきことを主張している。これは、この章の冒頭に見た現行憲法の解釈、すなわち、一項では「日本国の自衛権は放棄していない」。したがって二項があっても、そのための「自衛戦争は認められる」という解釈と、逆に二項で「自衛戦争も放棄した」という解釈の争いを、「自衛戦争は認められる」という説に立って立法的に解決しようとしている、と見ることができるであろう。

これらの論は何よりも、日本にはいまや世界有数の軍隊である自衛隊が存在し、しかもかなり限定されているとはいえ、現に「イラク」などで活動しているという実績があり、これはもう何人といえども否定できない、という事実を基礎にするものである。

しかし、仔細にいえば、憲法上新たに自衛隊を規定するとしても、その方向性については大きく説が分かれているというのがこれまた現実である。第一の説は自民党や経済界の主張のように、自衛隊は軍隊であり、軍隊はまさに「国家」として当然に、自らの国を守るのは勿論、他の同盟国が攻撃されたときにはこれにも反撃できる集団的自衛権も保持している、というのである。

もうひとつの説は、例えば民主党（全員一致ではないが）のように、自衛隊は認めるがそれはあくまで日本の防衛のためであり、同盟国への攻撃に対する反撃などは、特に「国連の決議」など特殊な条件がない限り認められない。憲法上、改めて自衛隊を規定するのは、自衛隊を文字どおりの軍隊にするためのものではなく、その存在を認めてシビリアンコントロールを強化するためである。そしてこれこそが九条一項及び現憲法の平和主義を守ることになる、というのである。

なお、この両説の対立は、憲法改正を行うためには「衆、参両院の三分の二」を確保し、「国民投票による支持」を得なければならないという制約によって、互いに擦り寄る方向、具体的には自民党側が、民主党との間で大きな対立を引き起こさないために集団的自衛権は憲法に規定しないで、別に安全保障法など憲法の下位にある法律で規定するというような方法（やや姑息な方法）で調整を図ろうとしている点に留意しておきたい。

さらにはこれらの両説に共通することであるが、「徴兵制」、「軍事裁判所」、「戦争の発動と終結のシステム」、あるいは「在日米軍と日米安保条約」との関係など、日本の軍隊と戦争に付きまとう不可欠な論点については、必ずしも精緻な体系としては打ち出していない、ということも覚えておこう。

それでは、私たちの危機管理論と九条論はどういう関係に立つか。この点について強い示唆を与えるのがドイツ基本法である。
ドイツ基本法では、まず以下のように四つの危機を類型化している。

① 自然災害及び特別に重大な災害事故
② 自由な民主主義的基本秩序に対する危険（国内における緊急事態）
③ 緊迫事態
④ 防衛事態

このうち、①と②が国内の、③と④が対外的な緊急事態であり、④の防衛事態とは、連邦領域が武力を持って攻撃されるか、そのような攻撃が目前に迫っている時をいい、③の緊迫事態とはこの防衛事態には至らないが、それに近い場合をいう。

そして、
①の場合は、州の警察力、他の行政官庁、連邦国境警備隊
②の場合は、まず州が、それでも及ばない場合は、その他の州、さらには連邦が、州の警察、連邦国境警備隊を出動させる。そして最終的には軍を出動させることができる
③の場合は、兵役義務者は民間の防衛任務につくことが義務づけられる
④の場合は、軍に関する指揮・命令権が連邦首相に移行され、連邦首相は軍を指揮する
というのである。なおこれらの措置をとるにあたっては、「すべてのドイツ人は、この秩序を除去しようと企てる何人に対しても、他の救済手段が存在しないときは、抵抗権を有する」（第二〇条

四項）という抵抗権を前提に、それぞれの事態の認定と終結（議会による認定）あるいはその当否に関する憲法裁判所の決定などをシステムとして有していることにも注目しておきたい。

日本でも、私たちのいう危機管理理論が、ドイツのようにシステム全体として憲法に規定される必要がある。そして自衛隊も、この④と③、あるいは②と①の一部に対応するものとして再編成され、存続されるべきなのである。

しかし、ここでいう自衛隊は、「国権の発動たる戦争」を直接の目的とするものではなく、内外の危機管理（戦争はその頂点にある）に当たることを主たる任務とする。そのため、その装備、発動要件、アメリカ軍との関係などなど、少なくとも自衛戦争をその任務としている現在の自衛隊の性格も一変させる必要がある。これは二一世紀の憲法の規定に基づいて発足される「危機管理庁」が、国際的・国内的条件をみながら、その運用を図りつつ、最も妥当な装備や方法を発見していくべきだという提案なのである。

第6章

皇室の将来

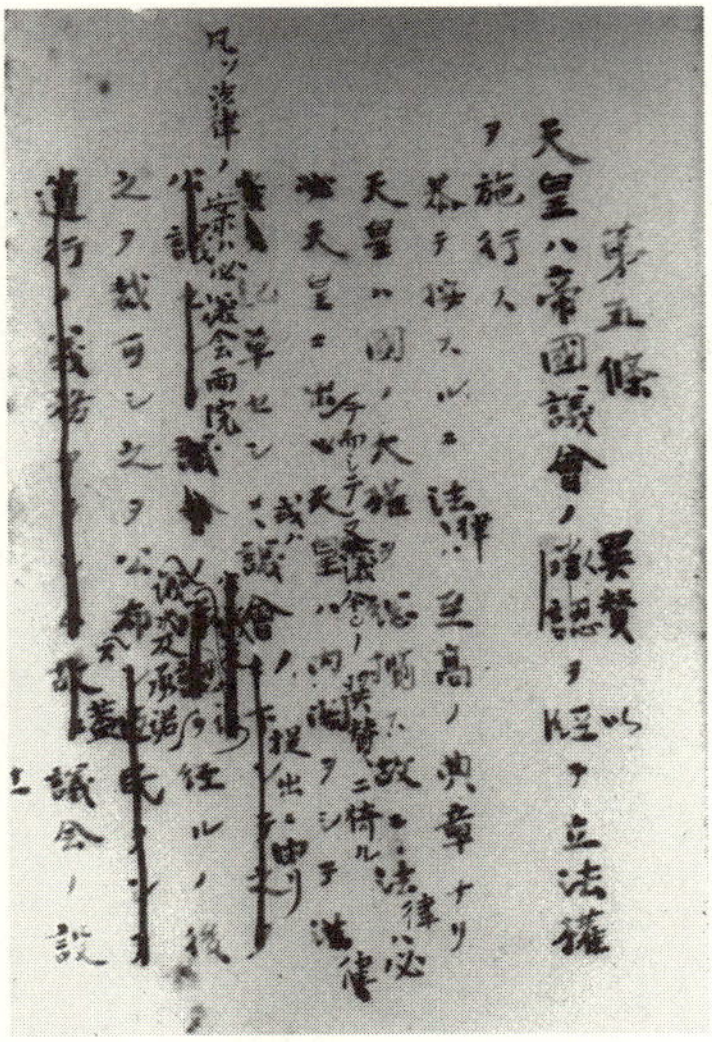

明治憲法の草案．井上毅が加筆修正を入れた跡が残っている（毎日新聞社提供）

五か条の御誓文とリベラリズム

皇室は現在、歴史上、未曾有の危機におちいっている。男子の世継ぎがいないからだ。直系に「男子」がいないというだけでなく、皇族すべてに男子がいない。今のままの体制でいくと、「皇族」そのものが消えていく。

最近では、皇室典範を改正して女帝を認めればよいという風潮が大勢だが、事はそう簡単ではなく、根本的には今後も天皇制を維持するかどうか、短期的に言っても明治近代憲法以来の、長期的にいえば日本そのもののアイデンティティがかかっているといってよいのである。

天皇制は明治憲法にさかのぼる。なぜ、どのような理由で、またどのような性質のものとして「天皇制」が採用されたのか？　この理解なしには女帝の当否も語れない。また、それを語ることは単なる皇室典範の問題ではなく、憲法そのものを語ることになるのだ。現に各種憲法改正案でも、「元首」への格上げ、あるいは現憲法の「象徴」の維持などという意見が入り乱れているという事実は、まさにこの問題の複雑さ、困難さを証明している、とみるべきなのであろう。そこで、この問題へのアプローチを明治憲法から始めたい。

明治国家は、薩摩と長州が中心となって、戦火の中で徳川政権を倒した革命政権であり、各藩に属していた領民を新しく国民としてまとめ、その正統性を維持しつつ国家を運営していくために、強力で根本的な中心を必要とした。日本だけでなく、また明治期というようなある特定の時期だけでなく、国や時代を超えて、そのようなものを求めて作られるのが「憲法」である。

それでは、このような「強力で根本的な中心」とは何か。当時、自由民権運動による「議会」の開設要求や東京日日新聞、交詢社、立志社などの相次ぐ「憲法草案」の発表などを受けた右大臣岩倉具視や参議伊藤博文ら明治政府側にとって、憲法を創るとは、「国家の機軸とは何か」という問いに答えるということであった。

伊藤博文の模索と研究

このため岩倉は、伊藤に対して憲法研究のための渡欧を命じ、伊藤は明治一五年三月に日本を出発、ベルリンに五カ月、ウィーンに三カ月、その他イギリスとロシアに滞在し、一六年八月帰国した。さて、岩倉と並ぶ当時の実力者太政大臣三条実美は伊藤の渡欧に際して、「憲法」を政府の正式用語としたうえで「訓条」を与えた。これは明治憲法の性格を決定づけ、今日まで底流に流れる日本の独特の憲法思想を形作っているという点できわめて重要である。訓条は

① わが憲法は欽定憲法たらしむべきこと
② 国会はイギリス流を排し、プロシア流たらしむべきこと
③ 国務大臣は天皇の親任により地位を安定せしむべきこと
④ 国務大臣は天皇に対し責に任じ、非連帯たるべきこと
⑤ 施行予算制度の確立を期すること

というものであった。この核心中の核心が「欽定憲法」ということであり、しかもそれはプロシア

流たるべきものという点にあった。

つまり、「錦の御旗」以来の「天皇」の制度化が明確に意識されるようになったのである。勿論、明治維新以来それまでも天皇は日本の中心であった。しかし中心とはいえ、必ずしもそれは制度化されたものではなく、また普遍化されたものでもなかった。端的に言えば、鹿児島県で天皇か西郷隆盛かと問われれば、ほとんどの鹿児島県民は西郷と答えただろうといわれるように、三条らはそれを含めて近代列強に後れず安定し継続した日本を作るためには、天皇を切り札にする以外にないと考えたのである。伊藤は政府の要職にあり、明治元勲の一人と目されながら、多事多難なこの時期に一年半も日本を留守にし、通信も十分でないこの時代に異国の地で研究に励む。そこでルドルフ・フォン・グナイスト、アルベルト・モッセ、ロレンツ・フォン・シュタインといった憲法の専門家であり大家でもあった師匠の下で、一介の学生のようにしてプロシア憲法と君主制について学びつつ、次第に天皇にプロイセン君主をはるかに超える日本独自の意味づけを与えようとするのである。

井上毅の「治ス」

明治憲法の起案に直接かかわったのは、伊藤のほかに、井上毅、金子堅太郎、伊藤巳代治らである。その中でも憲法起草の中心的な理論リーダーになったのが井上毅（一八三九～九五年）だ。井上とはどのような人物か。

「明治四年一一月から六年九月にかけて、岩倉具視の遣外使節団に随行。フランス、ドイツ、ベルギーなどで法制を研究。古今東西の学に通じた当時随一の学究的官僚。謹厳な処世の態度と儒学的な道義感を持つ剛毅で保守的な政治思想から近代法学を身につけた」[30]。これは今に伝わる井上の評だ。井上は東京大学古典講習科を卒業して、宮内省図書寮の属官となる。今でいう国立国会図書館の館長と内閣法制局長官を併せたような役職である。

この井上が、伊藤が持ち帰った「国家の機軸とは何か」という問いと格闘していく。機軸とは井上によれば「天皇」以外になく、その中心的な思想が「治ス・しらす」であった。

この「しらす」の話しはあまり知られていないが、これこそ、プロイセン憲法と明治憲法を分岐し、また同時に天皇の性格規定、すなわち元首か象徴かの違いとかかわる本質的論点である。

井上毅（毎日新聞社提供）

そしてさらに言えば、天皇廃止論はさておき、仮に平成憲法に、明治、昭和と並んで三度「天皇」を規定するとすれば、そのあり方をも示唆する最も重要なものといわなければならない。

井上によれば、日本の天皇は西洋の君主や中国の皇帝と異なって、史上一度も統治・支配をしてこなかった。西洋の「統治」（和語で「うしはぐ」という）とは、治者（国王）と被治者（国民）が真っ二つに分かれることを前提とした支配関係だ。それに対して「しらす」とは、天皇が自然のうちに国民と一体となるという概念であり、二項対立的な「統治」とは明らかに一線を画す。もっと神学的に言えばそれは国民の長であり、そして国民と神とをつなぐ存在である。ここで言う神とは、キリストのような唯一神ではなく、山川草木、すべてに宿る「魂・命」のことである。神の概念も、治者と被治者との関係も、フランスやイギリスとも中国とも、また明治憲法がモデルにしたプロイセンとも違う。ここに日本のアイデンティティがある。(31)

「しらす」は、近代憲法の前提を覆す破壊力を持つ。近代憲法の前提とは、権力は国民を統治する、すなわち“Govern”(当時は「ごううるめ」と読んだ)という構造であり、政府と国民の関係は統治するものと統治されるものの二項対立として理解される。ちなみに憲法とはこの前提のもとに、この権力を規制するものとされ、「国家からの自由」として基本的人権が保障され、国家権力の暴走を防ぐための仕組みとして三権分立の統治機構が作られたことは先にみた。

明治時代、井上は天皇の本質論からこれに抵抗した。現代社会も「統治」するものと「統治」されるものとが分化しにくい構造となっている。国民主権を徹底していけば、「統治」するものと「統治」されるものはやがて一致していく。双方ともそれは「私たち国民」になる。二一世紀の憲法は、市民と政府(権力)が一体となる可能性を追求しなければならない。これを私たちは「市民の政府」と呼ぶ。「しらす」という概念はこれに近い形ではないか。

そして明治憲法は……

伊藤は明治憲法の起草にあたり、井上の案、レスラー（日本の憲法顧問となったドイツ人）の案を土台としながら、井上の「治（シラ）ス所ナリ」を排し、「之ヲ統治ス」というレスラー案を採用し、「大日本帝国ハ万世一系ノ天皇之ヲ統治ス」としたのである。「シラス」では、漢文調で一貫している全体の文体において不調和を感じさせるということもあるが、およそ「治す」の中に秘められている文意、すなわち天皇は統治しない、あたかも家族の長のような立場で天（宇宙）と交流するという意味が、やはり近代国家としての国家論（政体）に合わない。むしろ、天皇を神として「強力な統治者」にする、日本を日本独自の立憲君主制にしなければならないという観念が勝ったのであろう。

これ以降、「統治」は、「統治権」という法学上の術語として明治憲法に規定されるようになった。ちなみに伊藤による明治憲法唯一の公的説明である『憲法義解』には、

「明治憲法第一条『大日本帝国ハ万世一系ノ天皇之ヲ統治ス』

統治は大位に居り、大権を統べて国土及臣民を治むるなり。古典に天祖の勅を挙げて「瑞穂国是吾子孫可ㇾ王之地宜爾皇孫就而治焉」（日本書紀、巻二）と云へり。又神祖を称へたてまつりて「始御国天皇」（同、巻三）と謂へり。日本武尊の言に、「吾者纏向の日代宮に坐て大八島国知ろしめす大帯日子淤斯呂和気天皇の御子」（古事記、中巻）とあり。文武天皇即位の詔に、「天皇か御子のあれまさむ弥継継に大八島国知らさむ次」とのたまひ、又「天下を調へたまひ平けたまひ公民を恵み

たまひ撫てたまはむ」とのたまへり（続日本紀、巻一）」（伊藤博文著宮沢俊義校註『憲法義解』（岩波文庫一九四〇年）。適宜漢字を改め註の資料名を（）内に入れた）となっていた。その根拠づけにあらゆる古典知識が総動員されたのである。

こうして、わが国史上初めて「天皇制」が完成する。

これにより、天皇は神になり、その権力は無限大になり、かつ神ゆえに無答責となったのである。正確に言うと、明治憲法は皇室典範（宮務法）と大日本帝国憲法（政務法）の二つからなり、さらに法律の序列としては、皇室典範が憲法より先でかつ上位になっているということを覚えておかなければならないのである。

なお憲法制定後、この体制を支えるものとして、これも井上がかかわった教育勅語や軍人勅諭が作られ、これにより天皇の神聖化は全軍人そして全国民にゆきわたった。

「統治」の果てに

「降る雪や明治は遠くなりにけり」とは俳人、中村草田男の名句である。この句が詠まれたのは昭和六（一九三一）年、明治帝崩御から二〇年を経た年であった。しかし、草田男の実感とは裏腹に、明治憲法が作り上げた「統治」の体制は、その後昭和一一年に起こった二・二六事件を引き金に、一方では軍部によって、もう一方では官僚によって、より強大な支配体制へと歩み続けていく。政府は国家総動員体制をしいて太平洋戦争へ突入し、ついに敗戦によって崩壊した。「統治」、そし

近所の公園でくつろぐ皇太子一家（読売新聞社提供）

てこれに連なる軍部による「統帥権の独立」は、文学者司馬遼太郎のいうように、まさに明治憲法を自己崩壊させたのである。一九四五年、マッカーサーの占領下、神としての「天皇制」に終止符が打たれる。しかし、周知のように、様々な政治的思惑を経て、「国民主権」というまさに「統治主体」の革命的転換にもかかわらず、統治の中心にいた天皇は象徴に変わり、天皇の臣として天皇制を支えてきた官僚は、姿形を変えつつその後も生き残り、いまや軍隊も自衛隊として復権している。

やがて、戦後数十年経って、そのシステムにもほころびがでてくる。最も大きな契機は昭和天皇の崩御である。戦前・戦後にまたがって時に神として、時に人間として日本の中心であった昭和天皇の逝去は、ある意味で真の戦後を告げるものであり、それは旧来のシステムの崩壊とともに、新しいシステムの誕生を告げるものとなった。現天皇の「軽井沢の恋」は、天皇の市民化の到来を告げるものでもあった。

さらに今日、次の次の天皇には国民から「愛ちゃん」と呼ばれる女の子しかいないという事実によって、市民化への歩みを急速に深化させていくであろう。男子の世継ぎがいないという問題は、単に女帝を認めるか否かという問題を超えて、女帝が女帝であり続けるためにこそ、将来の「結婚」を含む「人間」の問題を生起させていく。端的に言って、そのとき結婚相手である男性は現在のような「人権の制限された天皇」（戸籍、姓がなく、結婚や離婚などの自由を持たない）を許容するであろうか。象徴天皇はさらに「人権を保障された象徴天皇」に変化していくのではないか。そして、「人権を保障された象徴天皇」、すなわち現憲法七条に定める「国事行為」（政治の場）からの完全なる撤退と、日本の歴史と文化のシンボルとしての地位の確立により、「統治観念」は完全に崩壊し、天皇制も文字通り「しらす」になるのだろう。

第7章

財政破綻

九州新幹線の建設現場．歯止めの効かない公共事業に巨大なカネが動く（毎日新聞社提供）

本書の冒頭に見たように、明治憲法や昭和憲法が制定された頃の状況と比べてみると、現在の日本には新たに憲法を制定しなければならない、といったような危機的状況は見当たらない。現在は、内乱も敗戦もなく、多くの課題にはそれぞれ中途半端とはいえ、小泉内閣の「聖域なき構造改革」に見られるように、橋本内閣以来の政治・行政・司法のいわゆる三権改革を含むさまざまな「改革」によって、何らかの手がうたれてきた。少なくとも表面的には「暴動」がおきるような気配は見られないのである。しかし、少し注意深くみると、日本はもう治療不能な重い病気にかかっていて、ひょっとすると、これが憲法改正の大きな政治的な要因になるかもしれない、と思い知らされるものが一つだけある。それが「財政赤字」である。

財政は難しい。まずその用語が専門的かつ独特で、普通の国民には理解不能である。また、赤字といわれても、それが直接国民の日常生活にかかわるわけではなくいかにもピンとこない。最近、自治体の財政危機という言葉を耳にするようになり、自治体の関係したリゾート施設やテーマパークの倒産も不思議ではなくなった。しかし、国民の大半はそれでも自治体そのものが倒産するなどとは誰も考えていない。ましてや国が破産するなどということは夢にもありえない、と信じているのである。また仮にそのようなことが理論的にはありえても、現実化することはなく、ましてその責任などについても誰も考えも及ばない。「みんなで渡れば怖くない」が的中している場面だろう。

しかし、病気はやはり痛みを伴う。もっと大きく言えば、ここ一〇年来の不況はこれに関係し、年金の切り下げや医療費・介護費の上昇などは、国や自治体に金がなくなってきているからであり、最近は消費税を中心とする増税、しかも大幅な増税がうわさに上るようになってきた。

今後、増税は一〇〇%不可避だ。しかし増税によってこの問題は解決できるのだろうか。これが焦点であり、普通程度の増税によっても解決できないというときがまさにパニック、つまり憲法改正の「時」なのである。もちろん、ここでは憲法改正さえすればこの問題も自動的に片がつく、と言おうとしているのではない。憲法改正をしなければならないと思わせるほどの危機をもたらす、ということを言いたいのである。

財務省のアピール

最近、財務省のインターネット上に「リアルタイム財政赤字カウンター」なるものが登場し、「今日本政府の抱える長期債務残高」がリアルタイムで見られるようになった。

長期債務残高七三二兆三七三八億二四五六万一二一円七五銭（二〇〇五年二月一日現在）、これが借金であり、一時間当たり一〇億円単位で増えている。ついでに言うと、この表には国民一人当たりに換算する数字も出ていて（現在は七七五万三二〇六円一九銭）、刻々とその負担が増えていく様子が伝えられている。財務省もさすがにこの財政赤字には気が気ではなく、多くの情報を伝えるようになった。そこでまず、この財務省の資料「日本の財政を考える」（二〇〇四年九月）にもとづいて、財政を見てみよう。これは人体のレントゲン写真みたいなものだと思えばよい。

1　まず、なぜ「国」の借金が悪いのか。借金は一般的に言ってもよいものではないが、国の場

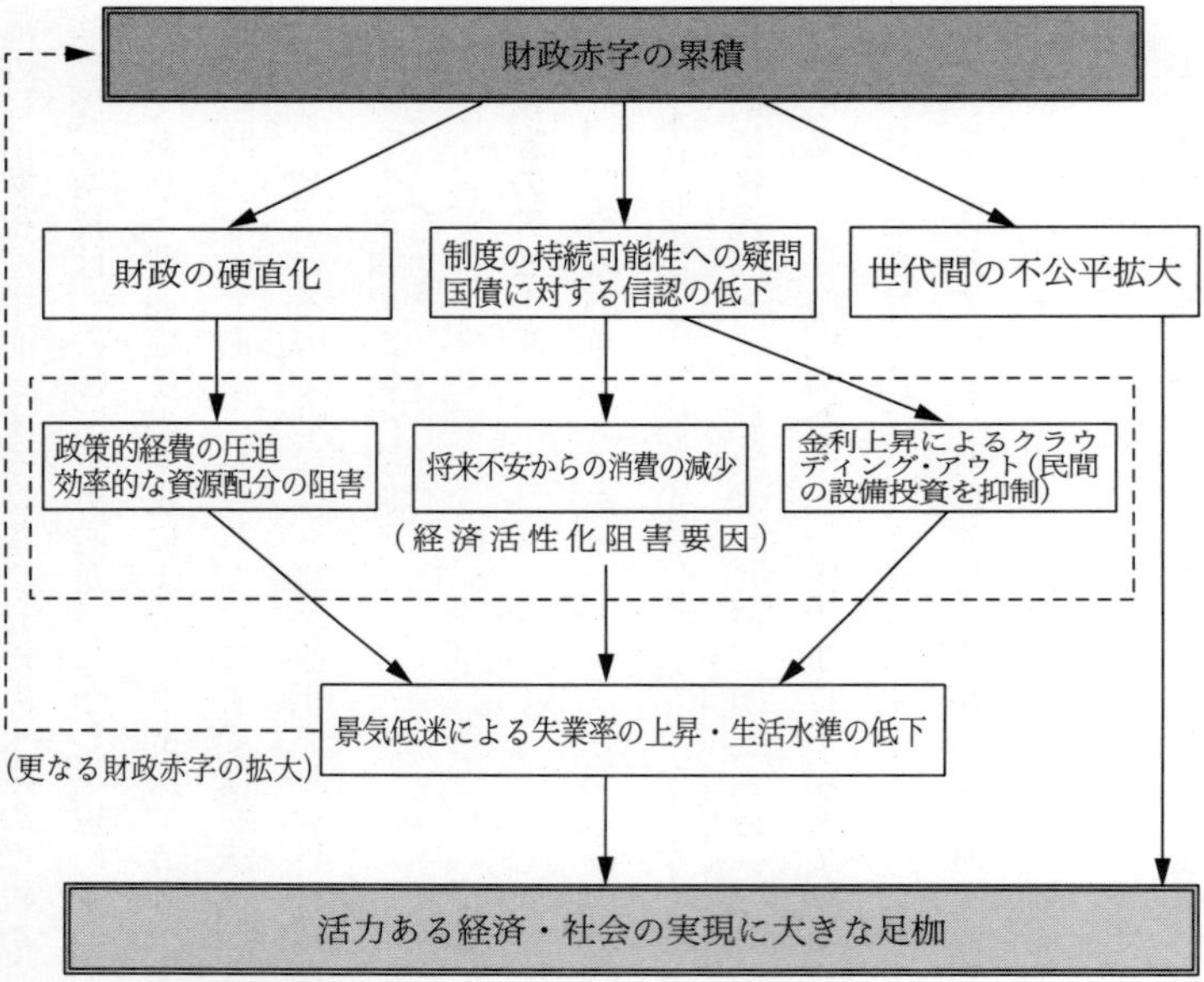

注：財政制度等審議会資料.

図9　財政赤字の問題点

合は複雑である。財務省はこれを「財政赤字の問題点」として、図9のように、「財政の硬直化」、「制度の持続可能性への疑問・国債に対する信認の低下」、「世代間の不公平拡大」をあげ、「景気低迷による失業率の上昇・生活水準の低下」をへて、最終的に「活力ある経済・社会の実現に大きな足枷」となる、としている。

これを具体化していくと、国は金がなくなり、公共事業も社会保障もできなくなり不況になる、そのため国民は一方でリストラ・失業・倒産などの生活苦を強いられ、消費を削って守りに入る。他方、新しく生まれる人たちは、今でも

表 19　国及び地方の長期債務残高（平成 17 年 6 月）

（単位：兆円）

	7 年度末 (1995年度末) 〈実績〉	12 年度末 (2000年度末) 〈実績〉	15 年度末 (2003年度末) 〈実績〉	16 年度末 (2004年度末) 〈補正後〉	17 年度末 (2005年度末) 〈予算〉
国	297 程度	491 程度	525 程度	570 程度 (546 程度)	602 程度 (572 程度)
普通国債残高	225 程度	368 程度	457 程度	505 程度 (481 程度)	538 程度 (508 程度)
地方	125 程度	181 程度	198 程度	203 程度	205 程度
国と地方の重複分	▲ 12 程度	▲ 26 程度	▲ 32 程度	▲ 33 程度	▲ 34 程度
国・地方合計	410 程度	646 程度	692 程度	740 程度 (716 程度)	774 程度 (744 程度)
対 GDP 比	82.0%	125.9%	138.0%	146.5% (141.8%)	151.2% (145.4%)

注：1.　GDP は，16 年度は実績見込み，17 年度は政府見通し．
　2.　16 年度末の国の長期債務残高及び普通国債残高は，実績ベースでは，それぞれ 564 兆円程度，499 兆円程度．
　3.　このほか財政融資資金特別会計国債残高は 16 年度末（実績）は 122 兆円程度，17 年度末（予算）は 142 兆円程度．
　4.　16，17 年度の(　)書きは翌年度借換のための前倒債限度額を除いた計数．
出所：財務省．

生まれた途端に七七五万円の借金を背負い、これがどんどん増えていく、というのである。いつかどこかで行き詰まる。これが国家の破産（デフォルト）であり、アルゼンチンがこの状態に陥った。

2　では日本にはどのくらいの借金があるのか。その原因は何か。それは世界各国と比べてどのようなものか。

表19は国と地方の借金を見たものであるが、これによると、平成一六年度末で、国、五四六兆、地方、二〇三兆、合計七一六兆円（重複分を除く）であり、これは、平成一五年度、平成一二年度と比べてみると、毎年何十兆円という単位で上昇して

いるということがわかる。

3　このような赤字はなぜ生まれたか。図10はこれを建設公債（公共事業費に充てるための国及び地方自治体が発行する債券）と特例公債（一般会計の財源不足を補うために発行される債券）の発行額をみたものであるが、これによると建設公債つまり公共事業費が圧倒的な量を占めていることがわかる。戦前、日本の財政は軍事費で破綻したが、戦後は公共事業によって破綻した。ちなみにこの公債発行残高四八三兆円を一万円札にして積み上げると四八三〇キロメートルで、富士山の約一三〇〇倍、エベレスト山の約五〇〇倍になるという。

4　この借金の状況を国際比較したのが図11で、これを見ると、フランス・ドイツ・イギリス、そしてアメリカ・カナダはもちろん、一番悪いといわれていたイタリアよりもはるかに悪い。GDP比で約一七〇％にもなる。

なお、この数字がどの程度のものか、たとえばEUが欧州の経済・通貨統合を目指して締結したマーストリヒト条約（一九九三年発効）では、原則として財政赤字は単年度で、GDPの三％、累積では六〇％を超えないこととし、さらにその後の財政安定・成長協定（一九九七年）では、この三％を超える赤字が生じた場合には「制裁」が課されるとしていた。これと比較すると、その何倍もの赤字になっている日本の財政状態がいかに悪いか想像できるであろう。

5　赤字は将来も解消されない。赤字を解消させるためには、月並みだが、国といえども収入を増やして支出を減らさなければならない。このうち収入源となっているのはもちろん税収だが、こ

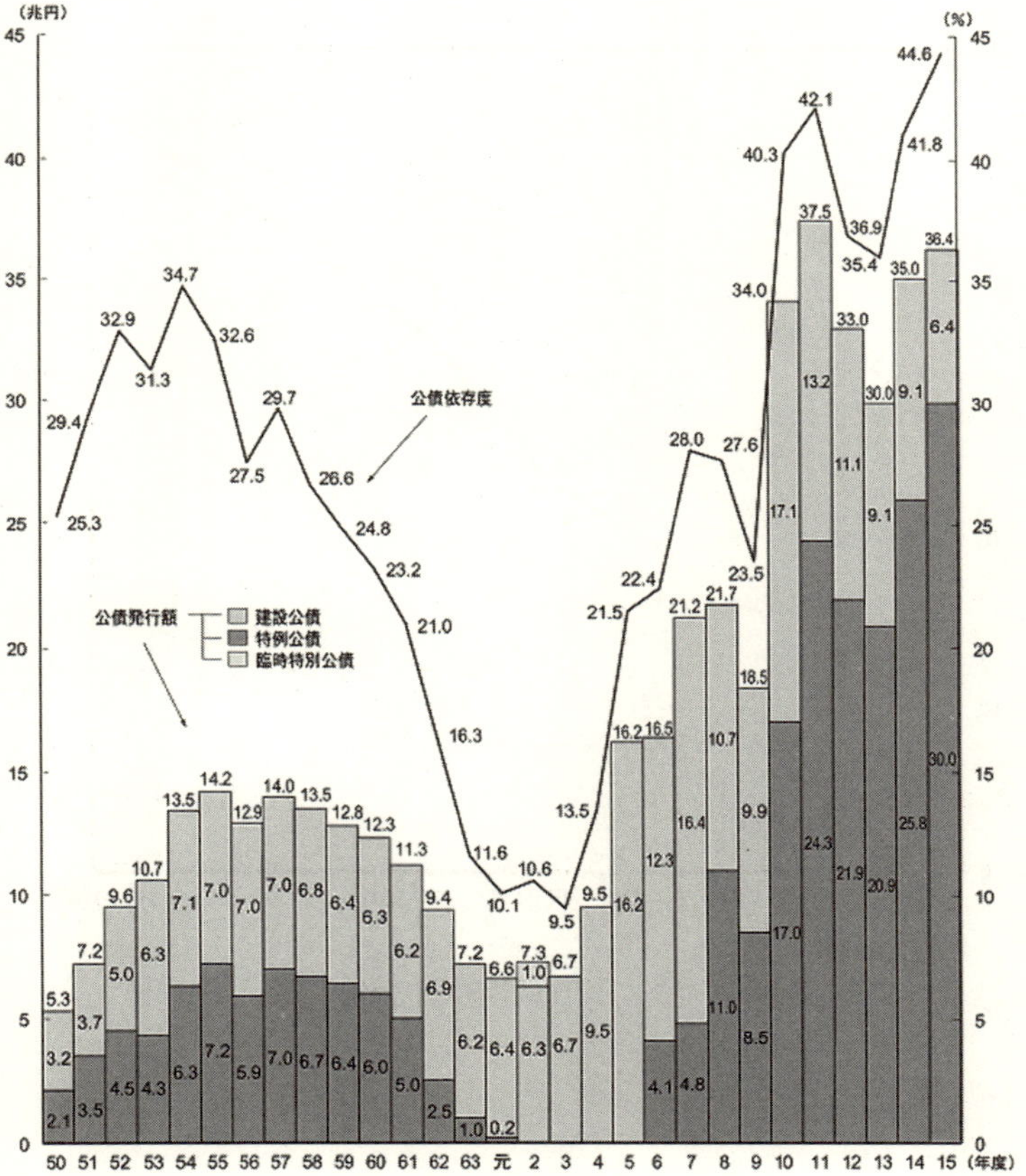

注：14 年度までは決算，15 年度は予算.
出所：財務省.

図 10　公債発行額の推移

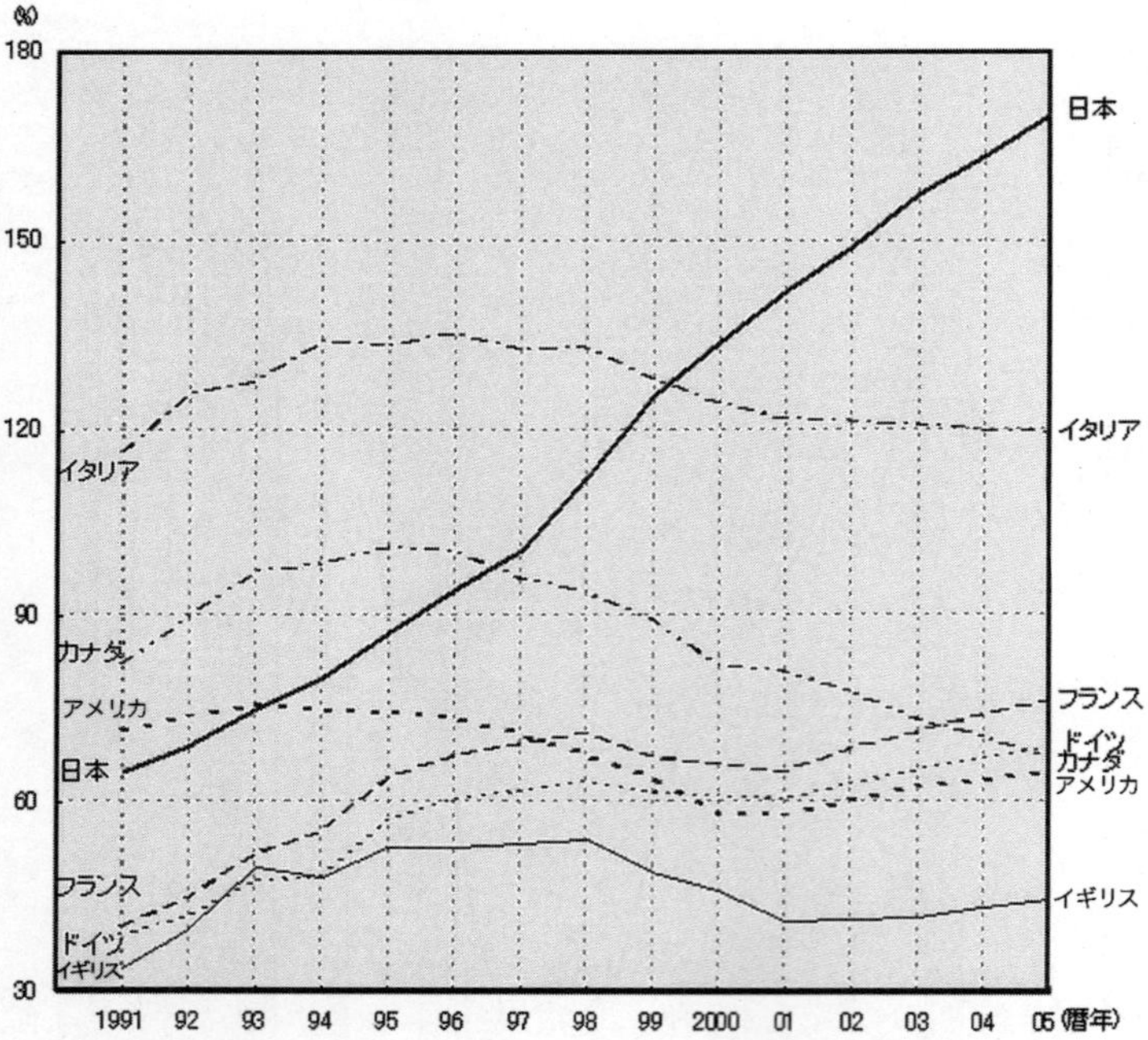

出所：財務省.

図 11　国及び地方の債務残高の国際比較（対 GDP 比）

れは年間ほぼ四〇兆円程度である。財政悪化の大きな原因として公共事業があることは前に見た。よく知られているように、これを最大限利用したのが「小渕内閣」であり、彼は「世界一の借金王」と自嘲しながら、公共事業の大判振る舞いを行った。これは財政を破綻させる、という反対論に対して彼が答えたのは、公共事業をやれば景気がよくなる（これ自体も問題だが）、景気がよくなれば税収が増える、というのであった。しかし、ある企業が、公共事業によって収益を上げたとしても、これが税収として再び国庫に収まるのは、さまざまな税制、とりわけ企業優遇の税制の下では、ごくわずかなものに過ぎない。この回路で税収を上げることはほぼ不可能なのだ。一方、支出をみると、これは年間ほぼ八〇兆円であり、高齢化社会を迎えて、介護費などの社会保障費の増大はあっても、これを減らすのは容易ではない。また将来の少子化を見れば、税負担者も急激に減少していくことが予想されている。そしてこの四〇兆円と八〇兆円の差が赤字になっているのである。年間の国の予算の半分が借金だという国は世界中にない。

本格的で大幅な増税を政府が採らなければならない理由がこれだ。早くも、消費税を現行の五％から二〇％へ、などという声が出始めている。しかしもしそのような事態になったら、今でさえ苦しんでいる多くの国民は生活できなくなる。増税したら当の政権は維持できないだろう。したがって政府（政治）は、そのような危険なことをせずにできるだけ先送りする。増税は理論回答であり、現状維持もしくは微調整というのが政治の現実なのである。

6　国際社会は日本をどう見ているか。ここに恐ろしくリアルなデータがある。ムーディーズ・

表 20　ムーディーズ・インベスターズ・サービスの格付け（2003 年 12 月 1 日現在）

長期自国通貨建国債格付	国
Aaa	アメリカ，フランス，イギリス，ドイツ，カナダ，オーストラリア，オランダ，ノルウェー，オーストリア，アイルランド，アイスランド，シンガポール，スイス，デンマーク
Aa	イタリア（Aa2），中華民国（Aa3）
A1	ハンガリー，ボツワナ，ギリシャ，チリ
A2	日本，ポーランド，キプロス
A3	韓国
Baa	タイ（Baa1），ロシア（Baa3），フィリピン（Baa3）
Ba	ブルガリア（Ba2）
B	アルゼンチン（B3）

ムーディーズジャパン・ホームページより作成.

インベスターズ・サービスという格付け機関が、世界の国々の「国債」について評価し、格付けしたものである（表20）。国債は国の借金の中核となるものであり、この評価はそのまま日本という国の評価になる。

そこでこれをみると、Ａａａがアメリカ、フランスなどのいわゆる先進資本主義国で、さらに、スイス、シンガポール、デンマークなどが続く。Ａａがイタリアと中華民国。イタリアは日本について累積赤字の多い国である。そしてＡ１が、ハンガリー、ボツワナ、ギリシャ、チリ。これらの国々になると場所すらおぼつかなく、いわんや「経済的に豊か」などとは到底想像できない。日本はこれにも及ばず、次の、ポーランド、キプロスと並ぶＡ２である。キプロスといわれてそれがどんな国か言える人はほとんどいないであろう。そしてその下が韓国。ここはほぼ「破産宣告」にまでいった国だ。そして、タイ、ロシア、フィリピンなどの下、最後のBがアルゼンチンであり、ここは現実に破産している。

民主主義の下で

誰が考えても、日本の財政状態は常軌を逸しているとしかいいようがない。それにもかかわらず、国内ではデモひとつおきず、平和で穏やかな生活が営まれている。グルメもショッピングも海外旅行も以前と同じだ。もちろん、公共事業分捕り合戦も相変わらずだ。

毎年年末の予算編成にあたり、高速道路、生活道路、橋、地すべり対策、水路、ダムなど、その要望するものはいろいろだが、市長、町長、村長、知事、県や市町村の職員が集まって東京で決起大会を開き、その後国会の議員会館に陳情に訪れる。国会議員も地域の予算獲得に血眼になる。明らかに赤字になるとわかっている整備新幹線でも、人口が減少すれば交通量が減ることが分かっている高速道路でもつくらなければならない。今の財政が大変なら、将来の税金を先食いすればよい。放っておくと予算がつかなくなる恐れがあるので、レールを敷く前に、とりあえず駅舎だけは作っておく。財政のことを考えると何もできなくなるので、そんなことを考えていては駄目だ。これが彼らの言い分であった。共同通信社出身のジャーナリスト魚住昭は『野中広務―差別と権力』(講談社、二〇〇四年)の中で、公共事業の獲得のために野中の事務所に通う業者の姿を書いている。彼らは選挙になると、二〇〇〇万円程度のパーティー券(大半は下請け業者に回される)といった資金面はもちろん、選挙の期間中、運動用の車一台と一人または二人の社員を差し出す。政治家にとっては、物心両面で面倒を見てくれる建設業との繋がり、特に解散が決まってから一カ月半ほどの間、仕事を離れて選挙の実務をこなしてくれる労働力は貴重なものだ。気ままなボランティアやパートタイマーだけでは過酷な選挙戦は戦えない。昼間仕事を持っている働き盛りが一カ月も二カ月も選挙のために仕事を離れるなどということは通常不可能だからである。そうして派遣された社員は集票マシンとして大きな力を発揮する。

有権者も、自分の懐がいたまずにインフラが作れるなら公共事業は悪くないと考えている。それは明日の仕事と不渡りのない金を保障してくれるからである。自民・民主・社民、どの政党の支持者でもそれは変わらない。地方議会をみてみよう。空港やダム、高速道路から区画整理や都市再開発まで、ほぼ全員が公共事業推進派だ。彼らは戦後六〇年の間、公共事業を推進することはあっても、自ら中止したことはほとんどない。議会以外でも、与党の支持勢力である経済団体から、野党の支持団体である連合や自治労まで、ほとんどが推進派であった。税金の無駄使いなのではないかと思っている人はいる。しかし、「痛み」を一人当たりに分散すると、たとえ一〇〇〇億円のダムでも、国民一人当たりの負担は一〇〇〇円弱だなどといわれるとたんに勢いを失う。四八〇名の衆議院議員と二五二名の参議院議員、六万二千人の地方議員（平成一二年総務省調べ）のほとんどが予算を求めて走り回る。官僚がこれを操り捌く。また今の国民は、子どもや将来の国民に対して、国債の増発という形で借金をして、ツケを回す。これらすべてが、「民主主義制度」の下で「合法」

な行為として行われ、その合計が現在の借金なのである。
現在のところ、財政破綻は表面化していない。しかし、その兆候は少しずつ現れてきている。自治体が出資している第三セクターが倒産し始めた。自治体の財政再建団体への転落もうわさだけでなくなりつつある。その波は国にもひたひたと押し寄せている。

各国の取り組み

日本の財政をどうするか。これに対する直接的な回答は存在しない。収入を増やし支出を削る、というのが原則であるが、収入を増やす、たとえば消費税を二〇％（現在五％、一％で約二兆円）にするというようなことも、支出を減らす（たとえば公共事業費や福祉事業費）ことも、現在の既得権益や官僚システムの下では、きわめて難しい。政治の側からみても、増税も支出の削減も、そのまま投票につながるからであり、国民、有権者から言えば、そのようなことは「絶対反対」だからである。

これも同じく財務省の資料によれば、世界各国とも財政規律に向けての対策を講じている。アメリカ（包括財政調整法）、イギリス（コントロール・トータル）、ドイツ（建設公債原則）、フランス（マーストリヒト条約と増税）、イタリア（経済財政計画とオブプリコ・コペルツール）、カナダ（プログラム・レビュー）、ＥＵ（前に見た）などである。

日本でも憲法の中に「財政規律」の確立を書き入れなければならない。それは、憲法改正によって直ちに財政が改善する、というのではもちろんないが、それを書き入れることによって現在の政治力学を変え、国民に覚悟を要請することができるからである。また、そのための準備を今すぐ始めなければならない。その中には当然だが「増税」も含まれる。もちろん、年金や医療費も削らなければならない。

そうすることによって、初めて国民はまさに痛みのわかる納税者あるいは主権者として、どのような政府を選ぶかあるいはどのような日本をデザインするか、そのためにどのような憲法が必要か、自ら考えるようになるのであろう。

第8章 アジアの憲法

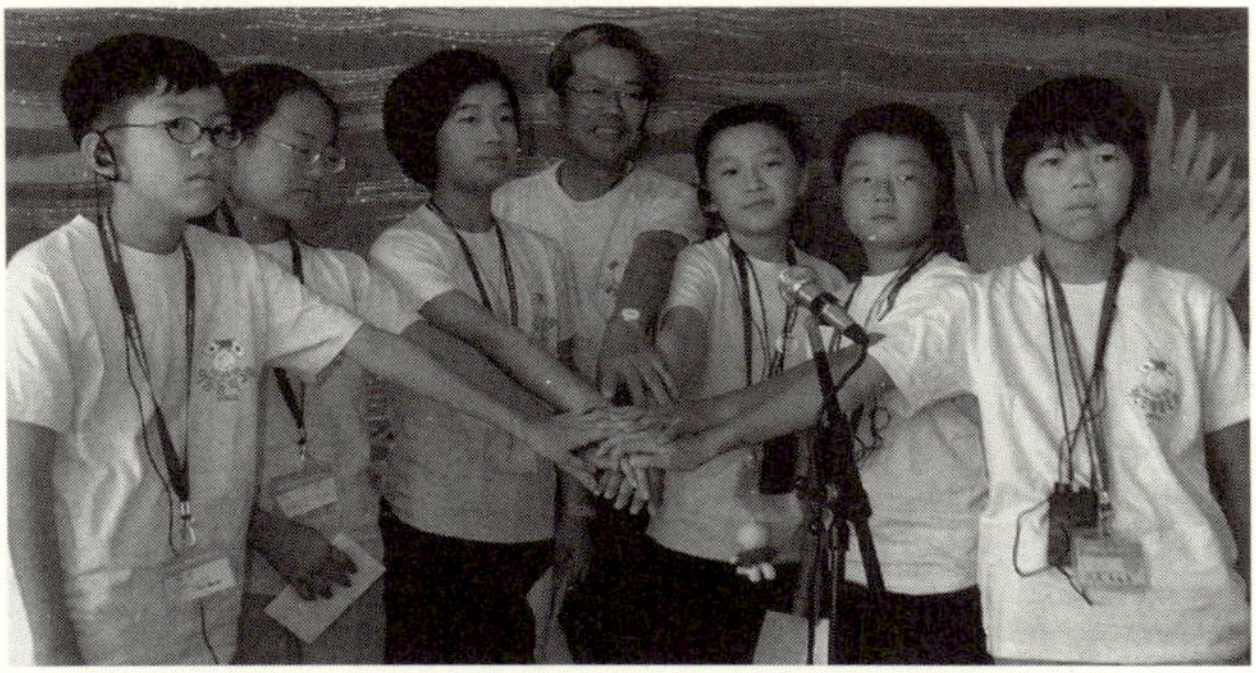

交流イベントで手を取り合う日中韓の子どもたち．アジア連帯の世紀となるか（毎日新聞社提供）

一　EUとアジアの比較

本書のテーマの一つは、グローバリゼーションという現象の下で憲法を考えるとはどういうことかということであった。その先行事例であるEUは先に見た。そこではすでに国境はなくなり、国家主権の最も重要な機能である通貨発行権もなくなり、外交権や軍事権までそれぞれの国家を離れようとしていた。また地域では補完性の原則により地域の自己決定権が認められるようになっている。前者を国家主権の超国家への委譲と言うとすれば、後者は同じく国家主権の地域への委譲と言えるだろう。

最近、周知のように、小泉総理大臣の靖国神社参拝、あるいは歴史教科書などに反発して、中国や韓国で激しい「反日」が生まれている。にもかかわらず注意しなければならないのは、そのような国々ですら、日本を含めた「東アジア共同体」の形成と強化を望んでいる、という強固な事実である。アジア共同体というと、即座にヨーロッパ共同体（連合）、すなわちEUを連想させる。アジアでそのようなことは必要なのだろうか、また可能なのだろうか。南北アメリカはNAFTAという経済共同体をつくり、九二年の創設以来、その経済的交流が急速に深まっている。西アジア、中東、アフリカでも地域共同体の試みが進んでいる。もちろんEUと比べると、東アジアの共同体は人口やその地理的範囲の広さ、政治体制の多様さなど困難さを感じさせる要素は少なくない。表

表 21　アジアと EU の比較

	ア　ジ　ア	EU
人　口	ASEAN　5 億 3,711 万人 日本　1 億 2,721 万人 中国　12 億 8,840 万人 韓国　4,791 万人 香港　682 万人 台湾　2,260 万人 計　20 億 3,005 万人	3 億 7,960 万人（+10 国：7,490 万人） 計　4 億 5,450 万人
距　離	東端—西端，時差 2.5 時間 北端—南端　7,000 km	東端—西端，時差 1 時間 北端—南端　3,000 km
政治体制	軍事体制，人民民主共和制，立憲君主制，立憲共和制，共和制，社会主義共和国	立憲君主制，共和制，連邦共和制
統合シナリオ	ASEAN は 2020 年までに共同体を創設（2003.10） 構想を担保する仕組みが欠如（協定，条約，機構，拠点） 東アジア共同体構築（東京宣言，2003.12）	1952　欧州石炭鉄鋼共同体設立 1958　EEC，EURATOM 設立 1979　欧州議会初の直接選挙，欧州通貨制度(EMS)導入 1987　「単一欧州議定書」発効 1992 末　域内市場統合完成 1993.11　マーストリヒト条約発効 1994.1　欧州経済領域(EEA)発足 1999.1　ユーロ導入 1999.5　アムステルダム条約発効 2002.1　ユーロ紙幣・硬貨の流通開始 2003.2　ニース条約発効 2004.5　中東欧等 10 カ国が加盟

	アジア	EU
GDP	7兆4726億米ドル 1人当たりGDP ASEAN 1,278, 日本 34,010 中国 1,094, 韓国 12,634 香港 23,268, 台湾 12,660 (米ドル)	9兆1,690億ユーロ（4,440億ユーロ） 1人当たりGDP 25,930ユーロ（4,150ユーロ）
社会構成	所得格差：大	所得格差：＋10との経済格差, イスラム系移民との軋轢
通貨	アジア単一通貨構想（2004.5 韓国・済州島でのASEAN＋3財務相会議）[1]チェンマイ・イニシアチブ（2000.5, 通貨スワップ協定）の拡充, アジア債券市場の育成（タクシン・タイ首相), 共通通貨構想（アロヨ・フィリピン大統領), 共通通貨構想（中国人民銀行）	経済通貨統合（EMU）の第3段階移行（1999.1）に伴いEU加盟国中11カ国でユーロ導入. ユーロ流通開始（2002.1.1）
貿易	FTA 日本―シンガポール, 日本―タイ（協議中), 東アジア自由貿易圏構想	EFTA：欧州経済領域（EEA）発足（1994）
(域内輸入比率：2000)	57.6% 域内対外直接投資は85年→98年へ20倍	62.2%
地理範囲	ASEAN＋3（日中韓） 東アジア共同体構築（東京宣言, 2003.12）	15＋10, ブルガリア, ルーマニア, クロアチア, マケドニア, トルコの加盟申請
歴史	日本の侵略, 植民地化の歴史 中国・ベトナム・フィリピン等による南シナ海島嶼紛争 中国脅威論 アメリカのプレゼンス	第1次・2次世界大戦 ホロコースト 東西ドイツ分裂 バルカン民族紛争 アメリカのプレゼンス

	アジア	EU
アイデンティティ	共通の脅威―アメリカン・グローバリズム？ プロジェクト―通貨危機からの復興プロジェクト？ 宗教―「アジアは一つ」（岡倉天心）か？　仏教（日本）上座部仏教（東南アジア）	共通の脅威―ソ連（冷戦期），日本経済（80年代），アメリカ（現在？） プロジェクト―戦後復興プロジェクト，ECSC，ユーラトム，EC 宗教―キリスト教
外　交	TAC（東南アジア友好協力条約 1976）中印 2003.10，日 12 署名 トラック2外交[2)]―ZOPFAN（平和・自由・中立地帯）構想	
安全保障	社会経済協力を組み込んだ協力型安全保障方式，EARR（東アジアコメ備蓄）システム，ASEAN 食糧安保情報システム ASEAN が安全保障共同体の具体化に向けて行動計画を策定 ARF 国防担当の高官による安全保障政策会議の設置などを決定	均衡論，軍事同盟方式，集団安全保障方式から欧州共同軍，協力型安全保障方式へ
推進力	経済先行 枠組みが弱い（ASEAN 主導）	制度先行 ベネルクス3国 → 大国主導
変　化	1997　経済危機 2002　米同時テロ 2003　イラク戦争 米姿勢変化―介入姿勢弱まる 中国の経済成長	1989　ベルリンの壁崩壊

	アジア	EU
警察		
司法		1989 欧州裁判所，第一審裁判所設立
保健・衛生	SARSなどの対応のため，初の保健相会合（2003）	欧州食品安全機関（2002）

注：1) 黒田東彦内閣参与（前財務省相財務官）「政治的意思が大前提だが，30年以内には夢ではなくなるというのが共通認識だ」（アジア開発銀行セミナーでの発言）.

2) 政府系シンクタンクによるもの．東アジアシンクタンクネットワーク（北京2003），東アジアフォーラム（ソウル2003），東アジア共同体評議会（東京2004 中曽根康弘会長）.

21を見てみよう。例えば朝鮮半島は南と北に分断され、独裁国家が北を支配している。中国と台湾が「独立」をめぐって対立している。また、国による経済格差もEUなどと比べてもきわめて大きい。アメリカとの関係についても日本や韓国など特別縁の深い国とそうでない国がある。EUのように、ベートーヴェンの「歓喜の歌」などといった、東アジア全体を貫くような共通のアイデンティティも見あたらない。

しかし、例えば通貨政策を見ると、アジア単一通貨構想（二〇〇四・五、韓国・済州島でのASEAN＋3財務相会議）、チェンマイ・イニシアチブ（二〇〇〇・五、通貨スワップ協定）の拡充、アジア債券市場の育成（タクシン・タイ首相）、共通通貨構想（アロヨ・フィリピン大統領）、共通通貨構想（中国人民銀行）など、EUのユーロ発行を思い出させるような各国の動きがある。さらに年間二桁に近いという脅威のペースで成長を続ける中国を中心にした経済交流の深化が、東アジア共同体実現への現実性を後押しする。域内輸入比率はEUの六二・二%に対し、五七・六%と迫っていること

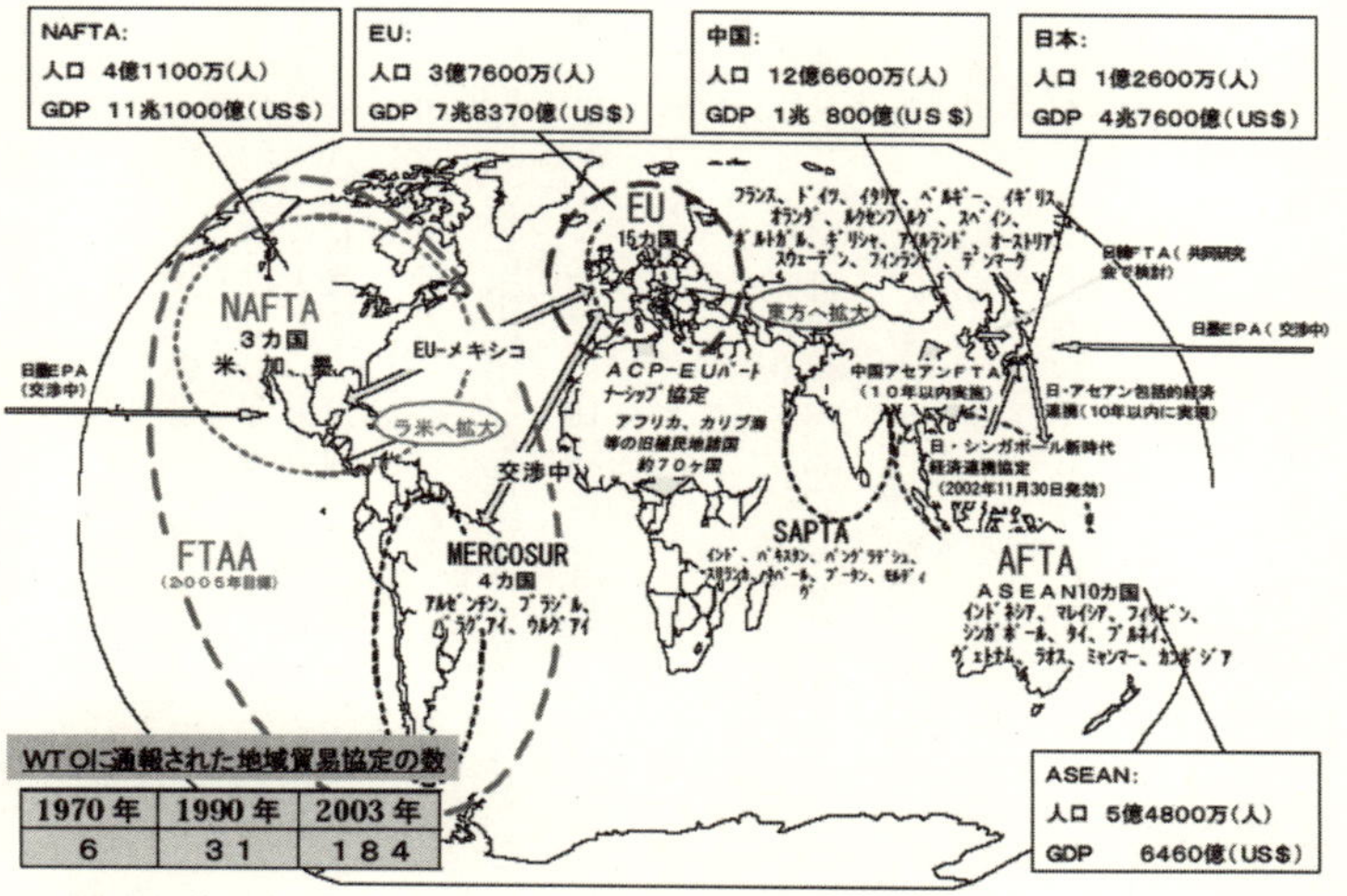

世界の地域主義
欧州　欧州連合
北米　北米自由協定
アジア太平洋　アジア太平洋経済協力会議（APEC1989）
東南アジア　ASEAN 自由貿易協定構想（AFTA1992）
ラテンアメリカ　南米南部共同市場（メルコスール 1995）
中東　湾岸協力会議（GCC1981）

図 12　世界の主要な地域貿易協定の動き

とにも目が離せない。経済が同一化していけば製品の規格や警察制度や税制を同じようにするというのはごく自然だ。経済構造の同一化は上部構造、すなわち、人権や政治といったものにも影響を与えるのも必然である。

それを裏付けるように、最近さまざまなアジアの組織が活発に活動するようになった。

まずASEAN（東南アジア諸国連合。インドネシア、フィリピン、タイ、マレーシア、シンガポール、ブルネイ、ベトナム、カンボジア、ラオス、ミャンマーの一〇カ国からなる）は明らかに「共同体」への飛躍の道程に入った。ASEANでは、加盟一〇カ国が、①安全保障を含む政治領域、②経済・貿易の領域、③社会・文化の領域、の三つのバスケットで統合を深めるための憲章策定に乗り出した。これはEUの憲法条約に匹敵する諸国家共同体思想を内にはらむ作業といえるだろう。

ASEANは連合内部での統合深化をすすめるとともに、域外諸国との関係樹立にも相当な熱意を示している。日本を含む極東との関係ではASEAN＋3（日本、韓国、中国）が東アジア共同体構想のベースになっている。日本に比べて、中国はASEANとの結びつきに意欲的だ。二〇〇六年にはASEAN＋3の一三カ国首脳会議（東アジア・サミット）が北京で開かれる予定になっている。中国がアジア全域の協力と繁栄に自国の巨大な将来像を重ね合わせていることは間違いない。

小泉政権も日本の中・長期的アジア外交の基本スタンスをASEAN＋3の枠組みに求めている。

小泉首相は二〇〇二年に訪問先のシンガポールで「共に歩み共に進むコミュニティ」としての対ASEAN政策理念を明らかにし、二〇〇四年暮れにはASEAN首脳を招いた東京会議で包括的経済連携と安全保障面での協力深化を柱とした「東京宣言」を発した。そこでは、アジア諸国独自の伝統と価値観の尊重を謳いながらも、法と正義の支配、人権と基本的自由の擁護、開放的な社会などの原則が盛り込まれている。

EUは先に見たように、「紛争地帯」の共同管理から始まり、次いで域内の労働力の移動と労働者を含む家族の、そして労働環境だけでなく、教育から福祉まで「人権」を保障するようにしてヨーロッパ市民を誕生させた。その間、欧州委員会あるいは欧州理事会さらには欧州議会といった統治組織を発足させ、欧州裁判所はEU法と各国国内法との整合を図っていった。さらにマーストリヒト条約などの条約を締結しながら、最後の仕上げとしての「条約としての憲法」にたどり着こうとしているのである。

EUとアジアには大きな違いがあり、そのプロセスも決して同じようにはいかない。しかし、「アジア共同体」への歩みはもはや止めようがないというのも事実であろう。このような視点から各種憲法改正案を見ると、いかにもそれは「一国ナショナリズム」に固まり、国連への展望はあってもアジアへの視野はほとんど閉ざされていることに驚かざるを得ないのである。

日本では余り注目されていないが、近年各国とも憲法レベルでの改革が重要テーマとして浮かび上がっている。それはこの東アジア共同体やアジア憲法構想と連結し、それらを待望させるであろう。それでは各国の憲法状況をみていこう。

二　中国——私有財産を認めるか

二〇〇四年憲法改正

中国憲法は、一九四九年の「中国人民政治協商会議共同綱領」を起源とし、政治的・経済的・社会的過渡期の憲法とされた一九五四年憲法を経て、一九七五年の文化大革命憲法、四人組打倒後の一九七八年憲法と変遷していった。現憲法の元になっているのは一九八二年憲法である。実は、中国はほぼ五年ごとに憲法改正を行っている。それは五年ごとの全人代で改正が議論されるからだが、それだけ社会の変化がはやく、市場経済の実施を含めて憲法を状況に合わせていく必要があるという合意が根底にある。

二〇〇四年三月一四日、第一〇期全国人民代表大会（全人代）第二回会議で中国は憲法改正案を採択した。二〇〇四年改正案のポイントは、第一に私有財産権及び非公有経済（民間経済）の保護があげられる。具体的には次の四つを指す。

①統一戦線の参加者として「社会主義事業の建設者」（主に非公有制企業の関与者を指す）を明記

②土地の公的収用時の補償（第一〇条三項）

③非公有制経済の保護・奨励（第一一条二項）
④私有財産権の保護、ならびに公的収用時の補償（第一三条）
この中でアジア憲法を考えるうえでキーワードとなる私有財産権（憲法第一三条）をみてみよう。江沢民が「中国共産党第一六回全国人民代表者大会における報告」のなかで、「私的財産を保護する法律制度をさらに充実させる」ことと「財産所有権、土地、労働力、技術等の市場を発展させる」ことを提示して以来、財産権の憲法規定化の可能性は高まっていたが、その後、党第一六期中央委員会第三回総会における「財産権は所有制の核心で主要内容である」との「一致した認識」にもとづいて、私有財産権を憲法改正案のなかに盛り込んだ。

北京の古い居住地と住民．五輪開催に向けた再開発で，この秋までに立ち退きを迫られている（読売新聞社提供）

今回の私有財産権の憲法規定化の主たる目的は、財産権の保障を生活手段以外の私的財産権の保障へと拡大、強化することであり、その現実の眼目は、庶民、弱者、人類の財産の保護・尊重というよりむしろ、市場経済の一層の展開のための「非公有制経済」の財産の保護・尊重であり、政府権力の制限も「非公有制経済」との関係でのものだ。中国が二〇〇一年一二月に世界貿易機関（WTO）に加盟して、中国経済が世界経済システムにリンクされたことも、私有財産権の強力な「入憲」圧力となった。

このように、中国は一党支配ではあるが、もはや社会主義経済の国とはいえなくなっている。アジア共同体及びそこでのアジア憲法を考えるに当たって最大の障害になると見られていた「体制」の相違は、市場経済の発達によって一挙に埋められていく可能性が大きくなった。

人権保障

二つめは人権の保障である。

(1)社会保障制度（憲法第一四条）

(2)国家は、人権を尊重し保障する（憲法第三三条新設）

が象徴的である。

中国政法大学校長の徐顕明が指摘するように、この「人権保障」は中国の憲政史上で「時代を画する意義」を有する。また、人権概念は一九九一年の「人権白書」で公的に提示されてから十数年しか経っておらず、地方と中央の各級の多くの幹部がいまだ人権に対して高度の「政治的敏感性」を保持しているなかで、人権を憲法規定化したことの法的、政治的、社会的効果は小さくはない。

中国も「法治国家」の仲間入りをしようとしていること、そしてその保障する人権も、国内人権からアジア市民の人権への飛翔を準備していると見ることができるだろう。

三　台湾（中華民国）――直接民主制の挑戦

総統選挙に勝利した陳水扁氏（読売新聞社提供）

二〇〇五年憲法修正案

台湾は揺れ動いている。大きく言えば、中国からの独立を唱える総統派と現状のまま経済交流を続けるという野党が鋭く対立し分裂していると言ってよいだろう。総統は二〇〇四年八月二三日に立法院で改正案を可決し、国民大会[32]を開催して憲法修正を行うとしている。憲法修正案のポイントとしては次の四つだ。

(1)憲法修正手続の修正

①憲法修正案及び領土変更案は住民投票で承認（追加修正条文第一条第一項）

②憲法修正案は、立法院立法委員（議会議員）総数の四分の一の提議を経て、総数の四分の三以上の出席、出席議員の四分の三以上の議決により可決。その後の住民投票で、賛成票が全有権者の半数を超えれば

承認（追加修正条文第一二条の新設）

(2)国民大会の廃止（追加修正条文第一条第二項、追加修正条文第八条など）

(3)立法委員の半減及び選出方法変更

(4)司法院（最高裁判所）に国民大会が有していた正副総統の弾劾審理権を付与（追加修正条文第二条第一〇項、追加修正条文第五条第四項）

現行の「中華民国憲法」は、中華民国が中国大陸にあった当時制定された古いものであり、現実とかけ離れた条文が多い。立法委員には「西蔵（チベット）の選出者」もあるし、「蒙古各盟旗の地方自治制度は法律で定める」というおよそ現在では想像もつかないような条文が残されていた。李前総統時代に六回改正し、総統直接選挙などができるようにしたが、蒙古、西蔵などの言葉はそのままだ。しかし、今回の改正には、字句の問題だけではなく国家体制にかかわる本質的な問題がいくつもある。例えば孫文が提唱した三民主義に基づいて制定された五権分立をどうするか。多くの国は三権分立だが、台湾は監察権、考試権を加えた五権体制で、これを三権に変えるか否かが問題となる。総統制（大統領制）の明確化の問題もある。この体制のもとでは従来総統と行政院長（首相）との「双頭制」のようにもなることがあり、総統制をとるか責任内閣制をとるかかが焦点だ。

さらに、改憲の最大の議論は国号だ。台湾の正式名称は中華民国で、憲法も当然「中華民国憲法」となっている。陳水扁総統は就任演説で国号変更に触れなかったため、変更の意向か、とも憶測された。また、呂秀連副総統がサンフランシスコで「台湾中華民国はどうか」と発言し、議論が再燃した。中華民国が国連を脱退した一九七一年、外交部（外務省に相当）内で、もはや中華民国は国際的に通用しないとして、「中華台湾共和国」への改称主張があった。陳総統が再選された根底には、住民の台湾意識の拡大がある。多くの人は「台湾共和国」「台湾国」に傾くが、中華民国に固執する人も多い。国号を変更すれば中国の反発も必至だ。「独立」とみられるからだ。

憲法修正（修憲）と憲法制定（制憲）

この憲法改正をめぐっては、このように二つの立場があり、大きく隔たっている。陳水扁総統の立場は、現行の中華民国憲法の一七五カ条のうち、大部分の条文は現実に一致しない規定が多く修正が必要であるとして、二〇〇四年五月の陳総統再選時の就任演説では、二〇〇八年までに「新憲法」の施行を主張した。しかし、その内容は「憲政改革（原文『憲法改造』）」となっていて、新憲法制定と憲法修正のいずれを意味するかが曖昧になっている。野党の国民党は、現行の憲法制度にしたがった憲法修正を主張し、陳総統も主権や領土、統一か独立かには踏みこまず、国号は「中華民国」を維持しようとしているようにみえる。

これに対して李登輝元総統らは、改憲ではなく新たに国民が制定する「制憲」が必要だという立場だ。台湾の新憲法制定運動の推進役で、日本との関係も深い黄昭堂・台湾独立建国同盟首席も新しい憲法が何故必要かについてこう語っている。

「日本は敗戦で台湾を放棄したが、法的には一九五一年のサンフランシスコ条約で正式に放棄した。それまでは台湾はまだ日本の領土だった。中華民国憲法は、その当時制定された。だから台湾のあずかり知らないところで現行憲法ができた。それこそ台湾二千三百万人が自分自身の憲法が欲しいというのが制憲運動のスタートだ」。

そしてなぜ改憲ではなく制憲（新憲法制定）なのかという問いに対しては、「中華民国憲法をどう直しても現実にマッチしない。陳総統も現行条文の七割が現実に合わないという。改正すれば大幅改正になる。ということは新憲法と同じだ」（東京新聞、二〇〇四年六月二三日）と答えている。

二〇〇四年七月一日から始められた「台湾制憲運動」は、住民投票法を改正し、国民主権の原則に基づいて、新憲法制定は立法院を経由せずに住民投票によって決めるようにする（この方法は、二〇〇五年憲法修正案には取り入れられていない）こと、五権分立を三権分立に改め、総統と行政院長（首相）の権限を強化すること、「中華民国」は一九七一年の国連代表権喪失により、法理上消滅しているため、国号は「台湾」としなければならないなどを主な内容としている。

その後中国が「反国家分裂法」を制定し、武力によってでも台湾の独立を阻止するという強硬姿勢に出たため、今後台湾がどのように動いていくのか予断を許さない状況となった。しかし、憲法改正がターゲットというテーマは変わらず、今後もダイナミックに動いていくだろう。

いずれにせよ、憲法改正が国民投票で行われるということ、さらに投票するだけではなく、国民が発案して憲法を制定するという考えは二一世紀の各国の憲法状況の中でも先端的な実験であり、先に見たように発案権を大政党の国会議員にしか認めないとする日本の憲法改正状況にも大いに刺激を与えるのである。

2004年10月21日，首都移転に違憲の決定がでて，ソウルの憲法裁判所前で喜ぶ反対派の人々（聯合ニュース提供）

四　韓国――大統領を裁く憲法裁判所

韓国は、苦難の国である。国土は南と北に分断され、過去何度も「統一」が企図されたが一向に実現しない。そのような「国家」の未確定要素があるためか、韓国では現在のところ、特別な憲法改正の動きは存在しない。しかし、韓国で特筆すべき憲法状況は、憲法裁判所の動きにあらわれている。二〇〇四年には憲法裁判所で三件の重要な決定が行われている。一件は国会が大統領を弾劾訴追したが敗れ、大統領の提案も違憲とされたもの、もう一件は行政と個人が戦って行政が勝ったもの。あとの一件は国会が国民に敗れたというものであり、韓国の憲法裁判は日本の消極的な司法のあり方からは考えられないくらい積極的だ。

二〇〇四年における憲法裁判所の重要判決の一つめは、大統領弾劾審判（大韓民国憲法六五条及び第一一一号など）である。韓国大統領選の余波は三月一二日に国会が、①公職選挙法違反、②側近の不正腐敗、③経済や国政の混乱を理由に、盧武鉉大統領への弾劾訴追案を可決し、この直前に盧大統領は自身への再信任を問う国民投票を提案するという泥仕合となった。その国会の提訴により、三月一八日に憲法裁判所が大統領の弾劾審判を開始し、五月一四日、憲法裁判所は弾劾を否決した。一方、憲法規定にない大統領への再信任を問う国民投票を盧大統領が提案したことについては、違憲と指摘した。

二つめのケースは良心的兵役拒否に関するものだ。五月二一日にソウル南部地裁が、宗教上の理由から兵役を拒否し、兵役法違反に問われた被告に無罪判決を言い渡した。七月一六日、これとは別件について最高裁が「良心の自由より国防の義務が優先」として、良心的兵役拒否者に有罪判決を出す。そして、八月二六日に憲法裁判所が兵役法による兵役拒否処罰を合憲と決定した。

三つめのケースは、首都移転に関してである。二〇〇三年一二月三〇日に行政首都移転のための「新行政首都特別措置法」が、国会で可決された。しかし、それに反対するソウル市議や大学教授などが、新行政首都特別措置法は違憲だとして、七月一二日に憲法裁判所へ憲法訴願を行った。そして一〇月二一日には憲法裁判所が、新行政首都特別措置法を違憲と決定した。その理由はソウルが首都であることは六〇〇年の伝統であり、不文律の「慣習憲法」とみなせるため、国民投票を伴わない移転は違憲であるというものだった。そして、四日後の一〇月二五日には盧大統領が、憲法裁判所決定の受け入れを表明した。
これらに見られるように、韓国の憲法裁判所は行政であれ大統領であれ、どんどん裁く。それが社会の動きにダイナミズムを与えているのである。

以上、東アジアの代表的な三国をみてきたが、いずれの国にも共通するのはそのダイナミズムである。これを「社会が不安定」とみるか「活力が溢れている」とみるのか意見は分かれるが、いずれにせよ、これらの国は経済も上向きであり、何より生き生きしているように見えるのは偶然なのだろうか。このダイナミックさが冒頭に見た東アジア共同体の形成、そしてその中核となるアジア憲法制定に障害となっている数々の問題を打ち破っていく原動力になると私たちは考えているのである。

おわりに

アトム化する個人と中間媒体論

モンテスキュー（左）とルソー（右）．彼らが説いた民主主義を，日本人は誤解してはいなかったか．

「神々で構成される国民がいれば、民主的に統治されるであろう。したがって、それほど完璧な政体は人間には向いていない」。

「民主主義には法律とそれを施行する権力に加えて、…もう一つの源…すなわち徳が必要だ」。

これらは、それぞれ近代思想、特に憲法思想を代表するルソー、モンテスキューの言葉である。民主主義思想の元祖と思われている思想家達の誰一人として、物事を多数決で決定するという単純な「民主主義」を信じているようには見えないということに驚くだろう。彼らですら、市民はそのまま完全に良き人々だとは思っていない。誰もが、民主主義を表面だけでいきわたらせると、市民（論者によっては人民、国民ともいう）が個人化し、バラバラになってしまうと恐れている。

そしてこれは必ずしも的外れというわけではない。特に現代日本には的中しているように見えるのである。

二〇〇五年四月のJR西日本の鉄道事故。事故そのものももちろん大問題だが、この事故を知りながら宴会にふけっていた社員のほうが不気味だ。彼らには「責任や使命」といったものが欠けている。勿論このような現象はこの会社だけに見られるというわけではない。三菱自動車や雪印乳業などミスや不正を隠そうとする民間企業、あるいはエイズや水俣病に対して何も手を打たなかった旧厚生省、長良川や諫早湾の無駄な公共事業を乱発する国土交通省なども同様だ。

そして最近の異様な犯罪の数々、第4章でみたインターネットによる自殺。夫婦、親子、兄弟、そして地域など、これまで最もその関係が深く、連帯していると信じられてきたものがみな壊れかけている。企業や官僚だけでなく、市民も今や無責任の塊であり、多くの人が社会の団結・紐帯といったもの、そしてその具体的な形である「組織」や「制度」といったものを信じないようになってきている。

民主主義や個人主義の過度の強調、経済的なある程度の豊かさの達成、あるいは欲望の開放などがそれらを生み出したという意見が強い。個人が民主主義の名の下に各自の欲求を無制限に追求しだしたらどうなるのか。民主主義の先進国、実践国と呼ばれ、いまや他国にまで民主主義を輸出（？）しようとしているアメリカの例を見てみよう。

アメリカでは、議会はかつて国民の圧力からは一定の距離を置いたヒエラルキーを重視した閉鎖的な方法で機能していた。しかし、議会は今では開かれた透明な組織になり、その分、有権者の考え方や圧力を受けやすくなっている。そして世論により敏感になり、より民主的になり、そのためその分だけ機能不全に陥っていく。政治のシステムが開かれれば開かれるほど、金銭やロビイストや熱狂的な支持者がシステムに浸透しやすくなったからである。

議会だけではなく、家族、教会、会社などの組織は五〇年代をピークに、その地位と影響力が低下した。それにとって代わったのが世論調査である。政治家も企業もマスコミも、大変な時間と資金とエネルギーを費やして、社会保障から老後の生活、炭酸飲料にいたるまで、あらゆる問題について大衆の考えを知ろうとする。政治家は、すべての政策をまるで神の啓示を受けたかのように、「国民がこれを望んでいる」という。「世論調査」が一人一人の国民の意見を正しく反映しているわ

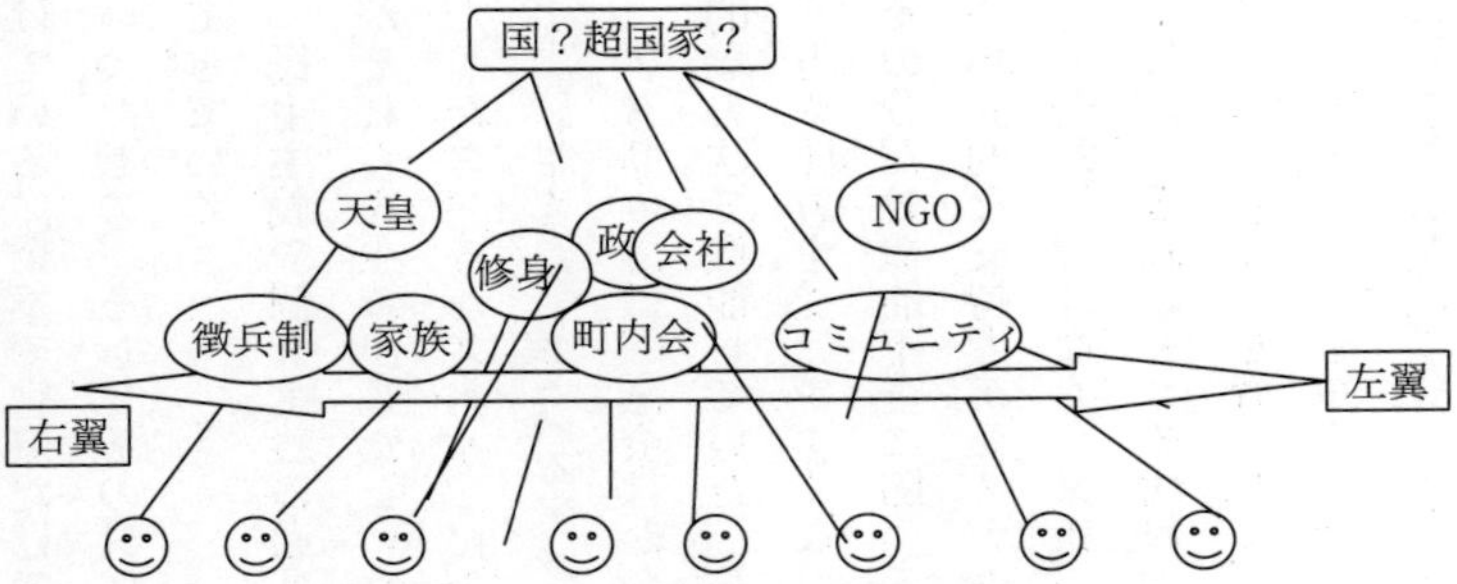

図12　右翼から左翼までの中間媒体論

けでもないのに、それはあたかも神のお告げのような力を持つのである。

民主主義の「先進国」のはずのアメリカで民主主義が崩壊している。日本も徐々にそのような感じが強くなってきた。

しかし、人は一人では生きていけない。社会はいろいろな意味で連帯や団結を必要としている。財政破綻、環境破壊、高齢化が進む日本では、特に、弱者に対する配慮と助け合いが必要である。

国家の最低限の仕事である医療も福祉も、そしてそのために必要な経費の徴収としての税金も、「弱者に対する配慮」、そして国や自治体の力の及ばない部分での「市民の自立」なしには成立し得ない。最も戦略的に言えば、この点こそ実は憲法改正論の本質なのであり、神＝天皇を否定した時と同じような、あるいはそれ以上のエネルギーをもって「国民」の「主権」の内実を問わなければならないのである。主権者である国民が萎えてしまえば、どんなに立派な憲法を作ってもそれは空洞化してしまう。古い言葉で言えば、日本の「国体」、今の言葉で言えば、「国民」をどうするかという悩みがない改正論は本質的に空虚なのである。

最近、このままでは不安だという心配からか、アトム化する個人を結びつけるものとして、天皇から家族、会社、町内会、宗教、NGO、地域コミュニティ、政党などいろいろな「結集点」について論議されるようになった。しかし、これらのうち真実の意味で「求心力」をもっているものは多くない。

インターネットで知り合ったばかりの人と自殺しようとする男女、生まれたばかりの子供を虐待する母親、会社が倒産するまで物言わぬ労働組合等々、この人たちの前でそれぞれの言葉がどのくらい有効か、テストしてみる必要があるだろう。

『アメリカの民主主義』を書き、勃興期のアメリカ民主主義の源泉を研究したアレクシス・ド・トックヴィルは、アメリカ民主主義の強さは「中間媒体」にあると分析した。この論はこの問題を考える上で参考になる。少し詳しく見ておこう。

トックヴィルは、彼がアメリカで実地に調査した強健な民主主義の世界を描くと同時に、アメリカの民主的市民の生活様式が自ら腐敗する可能性について警告を発していた。最悪のケースを予想した彼のシナリオでは、自分の利益しか考えていない個人主義者たちが、社会生活の中に二重三重に存在している結社から得られる貴重な抑止力と栄養素から切り離され、その結果「上からの統制」をますます強く要求するようになる。彼らは、無制限の個人主義から生じる社会を解体させてしまう力がいくらか抑制されるよう「上からの抑制」を求める。つまり、民主主義が進めば進むほど独裁が生じるというのである。

そして権力の強さ、例えば軍事力の優位によって勝ち取られた国の偉大さは、「民主主義国家の人民の胸に快感をあたえる」、「生命の危険があったという以外では何の努力もしないで得られた生き生きとした栄光を突如として[33]」あたかも稲妻のように与えてくれる[34]、というのである。いうまでもなく、ヒトラーのナチスは民主主義の下で合法的に政権についたし、スターリンのソ連でさえ、見かけ上は民主主義の手続きを踏んでいた。日本でもいつそのような事態が生じるかもしれないのである。

ここでは、このような独裁を防止するための憲法上の様々な諸制度を考えようというのではない。そうではなくて、そもそもそのような独裁を生まない民主主義をどう設計するかというのが憲法上の最大論点だということを言いたいのである。

トックヴィルは、国家の領域以外の政治的領域を大切に守り育て、躍動させておかなければならないとし、中心あるいは頂点への権力集中をくい止めるものとして、地方の議会や委員会や教会やコミュニティサークルの役割に注目した。あまりにも大きな集中された権力は、むしろ権力がまったくない状態――つまり無政府状態と同じようによくない。小規模な社会によってはじめて、個々人は市民として民主的な美徳と民主主義の可能性を育て、民主主義のドラマの中で積極的な役割を果たせるようになる。

市民が社会のいろいろなシステム（中間媒体）に参加すること、これが市民に人間としての誇りや義務感を与え、それが民主主義を支える、というのである。

私たちの願う国民発案による憲法改正、それはこの中間媒体に参加する市民によって担われる。憲法改正に並行して、最も私たちが急がなければならない作業は、トックヴィルのいう、この最も広義な、そして本質的な意味での中間媒体への「参加」であり、市民の憲法はそのような中から生み出されるのである。

注

はじめに

（1）二〇〇五年九月一一日の衆議院総選挙は、異例なものであった。自民党と公明党の与党は衆議院で三分の二を超える議席を獲得し、衆議院では、憲法改正に必要な三分の二の壁を突破した。しかしこれは周知のように、郵政民営化が妥当か否かについて国民が与えた審判であり、これがそのまま憲法改正につながるのかどうかは不明である。また、参議院は現在でも与党が三分の二を超えているわけではないので、野党・民主党との合意が必要である。そこで、二〇〇五年九月一一日以前に書かれた本稿の文脈も、最も原則的な部分では改訂する必要はないと考え、そのまま残すことにした。

第1章

（2）二〇〇五年九月一一日の、いわゆる小泉内閣による郵政民営化＝国民投票論は、国会（参議院）で否決された法案を、国民投票（選挙）で覆したという意味で、この直接民主主義論を導入したものといえよう。もっとも、私たちがここで主張している国民投票は、国会議員の選挙とは無関係に行われるものであり、しかもその結果について法的拘束力を与えるというものである。

（3）第1章の二は、小林丈人（法政大学大学院博士課程）と共同で執筆した「これはおかしい！『憲法改正国民投票法案』」（世界、二〇〇五年四月号）の原稿を本書に合わせて修正したものである。

第2章

（4）EU市民には、人権について取り決めたEU基本権憲章が適用される。たとえば、ここでは死刑は廃止されていて、仮に死刑を定めている国があるとすれば、その国の死刑を定めた法律は無効となる。つまり、EUに加盟している限り死刑を廃止しなければならないということだ。これは、権力は人を殺さないという超国家の思想でもある。

第3章

（5）　行政概念を積極的に定義しようとする有力説もある。

（6）　正確には「事務次官会議」ではなく内閣官房副長官、内閣法制局次長、警察庁長官、金融庁長官が出席しているため「事務次官等会議」。

（7）　岡田彰『現代日本官僚制の成立』（法政大学出版局、一九九四年）参照。

（8）　立法（行政に対して不信任、司法に対して弾劾裁判）、行政（立法に対して解散、司法に対して任免）、司法（立法および行政に対して違憲審査）。

（9）　総理大臣は国だけでなく、地方自治体に対しても、国の官僚の自治体派遣、さまざまな事業や規制の許認可権、さらには莫大な補助金を通じて影響力を及ぼすことができる。

（10）　野党が参議院で多数を占めていたというような状況で「金融再生法」に関して与党が野党案を「丸飲み」したというような例はある。

（11）　リコールをこれに含める見解もある（伊藤正己『憲法　第三版』（弘文堂、一九九五年）など）。

（12）　憲法九五条の特別法の住民投票は、広島平和記念都市建設法など、一九四九年から一九五一年にかけて一五例実施されている。

（13）　和解や終局判決。通説では、司法とは、「争訟について、法を適用し、宣言することによって、これを裁定する国家の作用」であるとされる。

（14）　明治憲法五七条一項。

（15）　現憲法七六条三項。

（16）　権利（ある物事をしてよい、またはしないでよいという資格。特に〔一定の資格の者に対して〕法が認めて保護する、特定の利益を主張・享受できる力）の実現が、いろいろの原因で危機に瀕している場合に、その保全（保護して安全を守ること）のため、この権利に関する紛争の訴訟的解決または強制執行が可能となるまで暫定的・仮定的に行われる処分（処置）。仮差押えと並んで保全処分の一種である係争物に関する仮処分と、仮の地位を定める仮処分とがある。

(17) 「二一世紀の日本を支える司法制度」。

(18) 被告が起訴事実を認め、検察・弁護双方とも異議がない場合は裁判官一人、裁判員四人の構成も可能。

第4章

(19) 東京地方裁判所平成一四年一二月一八日判決。詳細は五十嵐敬喜『美しい都市をつくる権利』（学芸出版社、二〇〇二年）、五十嵐敬喜「景観論」（都市問題、九四巻七号）等参照。

(20) これと同様の構造を持つものとして、部分的にではあるが、例えば寺内町の寺（大土地所有者）と信徒（小さな借地権者）などの関係を利用して、建築について独自のルールを構築するというようなことも考えられる（高野山と門前町などの例）。

(21) 遠藤浩ほか編『民法(2)物権〔第4版増補版〕』（有斐閣、二〇〇三年）。

(22) 佐藤幸治『憲法 第三版』（青林書院、一九九五年）、同『日本国憲法と「法の支配」』（有斐閣、二〇〇二年）。

(23) 既遂のときは罰すべき当事者が不存在となるが、未遂のとき有罪となるか無罪となるかが分岐点で、この場合は未遂の場合も無罪となる。

(24) 団藤重光編『注釈刑法(5)各則(3)』（有斐閣、一九六八年改訂版）。なお、同書は四〇年近く前の資料なのでその後変更されているかもしれないが、自殺の共犯を罰している国として、「スイス、ギリシャ、オーストリア、ユーゴスラビア、チェコスロバキア、チリ」を、共犯も不可罰としている国として「フランス、ベルギー」を紹介している。これはたとえば「心中」などの場合、すなわち、共同自殺を企て（一方が正犯、一方が共犯という場合と異なり、双方とも正犯）、一方は死に、一方が生き延びたというような場合の処罰に関して影響を与えるであろう。

第5章

(25) 神田健次編『〔講座〕現代キリスト教倫理1 生と死』（日本基督教団出版局、一九九九年）。

(26) 清谷信一『不思議の国の自衛隊』（KKベストセラーズ、一九九九年）。
(27) 岡本智博「イラク戦争に学ぶ日本の防衛」（洗堯ほか編『自衛隊の現場から見る日本の安全保障』（自由国民社、二〇〇四年）所収）。
(28) 「防衛秘密」保護規定（自衛隊法九六条の二、一二二条）の導入など。
(29) 都市は戦争できないこと、危機管理、ドイツ基本法の危機管理規定などについては、五十嵐敬喜＋立法学ゼミ『都市は戦争できない』（公人の友社、二〇〇三年）参照。

第6章

(30) 国学院大学「井上毅伝記編纂委員会」による『井上毅伝』（資料編）三巻。
(31) 井上毅の作で伊藤博文の著書となっている『憲法義解』は、日本の古典、日本書紀、続日本書紀、古事記、延喜式、万葉集、播磨風土記などや各国憲法を引用して、いかに日本の天皇が昔から日本の中心であったかを論証しようとしている。

第8章

(32) 立法府＝一院制の立法院と一院制の国民大会。
立法院＝任期は三年。現議席数一六四。直接選挙で一二八議席、比例代表制で三六議席。

国民大会＝任期は四年。議席定数三三四。すべて直接選挙で選ばれる。

一九九七年、国民大会にて立法院の議席定数の改正が行われた。これにより立法院の議席定数が一六八から二二五に増えた。内訳は、直接選挙により一六八議席、比例代表制により四一議席である。一六議席は先住民および本省人に割り当てられた。

おわりに

(33) Alexis de Tocquevile, Democracy in America, trans. Henry Reeve, rev. Francis Bowed, ed. Philips Bradley (New York: Bintage, 1945) 2: 293.
(34) J・B・エルシュテイン『裁かれる民主主義』（岩波書店、一九九七年）。

あとがき

二〇〇五年九月の衆議院総選挙はこれまでのどの選挙よりも異色な選挙だった。周知の通り、小泉総理大臣はこの選挙を「郵政民営化に対する国民投票」と位置づけ、これに反対する候補者のところには国民に対して「選択肢」を与えなければならないとして「刺客」を送り込んだ。国民もこれを当然だと受け止めた。国民投票という名による自民党の分裂とその加速は劇的であり、選挙は連日ワイドショーで取り上げられるなどしてこれまでになく盛り上がった。そして、小泉総理大臣その人も驚くような与党の圧勝となった。しかしその勝敗よりも注目されなければならないのは、「国会で否決」されたものを国民がひっくり返したということである。日本国憲法では「国会は最高で唯一の立法機関」(四一条)とされている。したがってここで否決されればすべての法案は「ジ・エンド」であり、ことと次第によっては内閣総辞職というのが筋であった。にもかかわらずこれを国民投票(という名の選挙)によってひっくり返すのは、憲法違反ではないか。

少しでも憲法をかじったことのある人であればこれがまっとうな疑問になるべきである。ところがこのような憲法上の重大な疑義について、参議院での否決に対して衆議院を解散するのはおかしいという声はあったが、そもそも国民投票という発想がおかしいと発言する人はほとんどいなかったのである。なぜ、誰も不思議と思わなかったのか。それはこのような手法は実はもう珍しいものではなくなっているからである。日本でも国レベルでは今回が初めてであったが、自治体では、原発やダムから合併まで、当初は議会を無視するものだとして敵視された住民投票が、今や当たり前に実施されるようになっている。世界的に言えば、それはもっと日常化している。アメリカでも、州ごとに税金や施設利用、それこそ水道の民営化まで重要政策のほとんどが住民投票の対象になり、いずれ成立するだろうＥＵ憲法にもヨーロッパ市民の直接参加が規定されている。

議会の決定よりも国民の意思が優先する。これはよく考えてみると、実は二四〇〇年以上前のギリシャ・アテネの貝殻投票以来の直接民主主義の導入であり、イギリスの一七世紀啓蒙思想家ジョン・ロック以来の議会が優位するとしてきた近代思想とシステムに対する「革命」なのではないのか。

私たちのこの問いに対する答えはイエスである。今も世界中で革命が進行しているのである。強調したいことは、都市型社会の進展、あるいは市民の成熟によって、革命はフランスやロシアで見られた一過性の暴力的なそれではなく、生活のうえでの当たり前のルール変更として実現されていくということである。このような文脈からみると、今回あまりこのことが論点とならなかったのは、この革命の日常化の証明と見てもよいだろう。二一世紀の憲法は、ギリシャの直接民主主義から近代の間接民主主義、そして再び現代の直接民主主義へという二〇〇〇年来の巨大な変化に対応するものでなければならない。

このような目で各種憲法改正案を見ると、九条改正論は日本を中心に防衛を考えるいかにもドメスティックなものであり、環境権なども、今まで一番それを軽視してきた政党が誰よりも大きく声を上げている（国民は九条改正論の目くらましだと見ている）というアナクロなものである。各種憲法改正案の中には、国民投票を含めてこのような巨大な転換に対応する改正の思想や文言はほとんど見ることができない。総じて言えば、それはまるで幕末のペリー来航後、「攘夷か開国か」と争っていた状況のようにも見えるのである。

本書の冒頭に見たように、世界は今後ますます国際化する。情報、貿易や経済といったものだけでなく「血の混交」もすでに始まっている。そして同時に、ある意味でこのようなグローバリズムに反比例するかのように、言語を筆頭とする文化や歴史、そして個性の尊重が勢いを増してくるだろう。

将来の日本国憲法も、このような時代の流れに正面から対峙しなければならない。そのためには、二〇世紀に世界中の国々が目標とし、また日本も連なってきた一国ナショナリズム、すなわち「単一の国家権力」を中心にしてそれぞれ国の内外の問題に対処していくという、「国家主権」不滅論や不分割論に対して疑いを持ち、これと格闘しながらこれを相対化あるいは溶融化し、一方でこれに代わる「国民主権」の新しいヴィジョンを提示しなければならない。このような発想に立って、現憲法のどこにその可能性や限界があるかを考えてみようというのが本書であった。

今回の小泉国民投票は、この国家権力の相対化を推し進める歴史的な実験、理論的に言えば国家主権から国民主権への転換（フランスの一八世紀の思想家ジャン・ジャック・ルソーによれば、「主権とは立法権である」）の過程として位置づけておこう。

私は法政大学大学院の立法学研究に集う学生たちとともに、『市民の憲法』（早川書房、二〇〇二年）以来、EUや中国の憲法を研究するための旅行なども行い一貫して新しい「国民主権」のヴィジョンの提示を追求してきた。本書もこの研究会全体の成果の一つである。今回は国会議員の政策秘書として活躍している石田敏高君と大学院生の原亮君に、資料収集だけでなく、何回かの合宿での討議などを通して議論の本質そのものについても大いに助けていただいた。特に国際関係にわたる部分は、彼らの知恵の産物である。そしてその他立法学徒全員で発刊の準備を進めてきた。

ところが本書の発刊には大きな障害物が現れた。予想どおりといえば予想どおりであったが、ひとつはいわゆる旧来型の護憲論からであり、本書のように九条は護憲（しかしアプローチはかなり異なる）だが、他の条項、たとえば四一条の改正に触れるようなものは結果的には改憲だとして改憲論に絡めとられていくというものである。もうひとつは、改憲論からみると、今度は反対に四一条だけでなく沢山の改憲論を提示しているにもかかわらず九条は護憲だという一点で、この論は護憲だとして拒否されたのである。そして最も露骨な敵対者は、「憲法論」は護憲であれ改憲であれ、もう旬ではない、巷には憲法論が溢れていて、もはや儲からないという理由での却下であった。

正直言って、私たちは何度もこの本は生まれることができないと覚悟した。このようなピンチの中で、ある日突然、私たちのような議論にも意味がある、として日本経済評論社の編集者、清達二氏が現れてくれた時には涙が出るほどうれしかった。普通どのような本でも、編集者に対して一定の謝辞を書くものだが、今回だけははるかにそれを越えて、文字通り、感謝、感謝の一言である。

甘えついでにもう一言だけ追加させていただきたい。私たちの試みは、『市民の憲法』で述べたように、単に日本の憲法改正状況に対する「感想」や「意見」を述べることではない。核心は、私たちが主権者として憲法を創ることにある。憲法に関する本は、いわゆる司法試験の解説書などのようなものを入れるとそれこそ毎月数十冊の本が発行されている。この意味で旬ではないというのも道理があるのである。しかし、これらを読んで国民は憲法を創れるようになるのであろうか。

率直にいって、国民はなかなか本を読まない。また、読んでも解釈には役立つが立法には縁遠い本がほとんどである。最近はそれぞれの改正案のように立法論を試みるものも増えてきたが、それでも国民は憲法が自分の生活に直結しているとは思っていない。小泉国民投票は、これまで見てきたように、選挙という変則的な手法を用いた来たるべき憲法改正国民投票の予備実験というべきものでもあった。しかし、それでも、このような方法では国民はイエスかノーかの選択者（受身の主体）としてしか登場できないのである。

どうしたら国民は自分自身の手で憲法を創れるようになるか。これが発想の転換と並ぶもうひとつの私たちの宿題として残っている。そうしてこれについてももうすぐ発表できそうな状況となったということを報告しておきたいのである。端的に言って、それは憲法を一つ一つの言語に分解して、これを一定の文脈に基づいて結び直すことのできる「辞典」をつくるということである。この方法は、他の私の著書で何度も触れているように、アメリカのカリフォルニア大学バークレー校の偉大な思想家であり建築家であるクリストファー・アレグザンダー（現名誉教授）の『パタン・ランゲージ』（平田翰那訳、鹿島出版会、一九八四年）から学んだものである。

この方法は私はすでに神奈川県真鶴町で「美の条例」（一九九三年）で試みているが、これを全面的に憲法改正論に拡大しようとしたのである。国民がこれを手にし、その方法を会得することによって、憲法を日常的なものに、お上から押し付けられるものではなく自分で創るものに、しかも自分だけのものではなく、インターネットによる参加と議論などを通して多くの人と共有（憲法改正には国会では衆議院・参議院のそれぞれ三分の二、国民投票で過半数を必要とする。これは郵政民営化法案よりもはるかに難しい）できるようにしたい。そうすることによって、国民は真の立法者になることができるだろう。

これを憲法改正に関する私たちの王道の仕事とすれば、本書はその入門書である。

私たちは、この王道の仕事でも引き続き日本経済評論社にお世話になりたいと考えている。

二〇〇五年、衆議院総選挙の直後に

五十嵐敬喜

[著者紹介]

五十嵐敬喜《いがらしたかよし》

法政大学法学部教授・弁護士．1944年山形県生まれ．早稲田大学法学部卒．専攻は都市政策，立法学，公共事業論．

著書に『現代行政法学全集16 都市法』（ぎょうせい，1987年），『議員立法』（三省堂，1994年），『美しい都市をつくる権利』（学芸出版社，2002年），『市民の憲法』（早川書房，2002年）など．共著書に『美の条例―いきづく町をつくる』（学芸出版社，1996年），『市民版 行政改革―日本型システムを変える』（岩波新書，1999年），『公共事業は止まるか』（岩波新書，2001年），『都市は戦争できない―現代危機管理論』（公人の友社，2003年），『事実の都市』（法政大学出版局，2004年）など．

五十嵐敬喜　憲法改正論

2005年11月30日　第1刷発行

定価（本体1600円＋税）

著　者　五十嵐　敬喜

発行所　株式会社日本経済評論社

〒101-0051 東京都千代田区神田神保町3-2

電話 03-3230-1661　FAX 03-3265-2993

振替 00130-3-157198

装丁・奥定泰之　　中央印刷・根本製本

落丁本・乱丁本はお取替えいたします　Printed in Japan

ISBN4-8188-1812-7

新版　現代政治理論　W・キムリッカ　訳者代表＝千葉眞・岡﨑晴輝　本体4500円

アイデンティティの政治学　M・ケニー　藤原孝・山田竜作・松島雪江・青山円美・佐藤高尚訳　本体4200円

グローバル時代のシティズンシップ　新しい社会理論の地平　ジェラード・デランティ　佐藤康行訳　本体3000円

グローバル社会民主政の展望　経済・政治・法のフロンティア　デヴィッド・ヘルド　中谷義和・柳原克行訳　本体2500円

グローバル化と反グローバル化　D・ヘルド／A・マッグルー　中谷義和・柳原克行訳　本体2200円

変容する民主主義　グローバル化のなかで　A・マッグルー編　松下冽監訳　本体3200円

第三の道を越えて　アレックス・カリニコフ　中谷義和監訳　吉野浩司・柚木寛幸訳　本体2000円

グローバルな市民社会に向かって　M・ウォルツァー　石田・越智・向山・佐々木・高橋訳　本体2900円

政治の発見　Z・パウマン　中道寿一訳　本体4300円

グローバル化と人間の安全保障　行動する市民社会【NIRAチャレンジ・ブックス】　勝俣誠編著　本体2700円

21世紀北東アジア世界の展望　生活経済政策研究所／増田祐司編　本体2300円